W0094577

CouchDB
kurz & gut

CouchDB
kurz & gut

Mario Scheliga

O'REILLY®
Beijing · Cambridge · Farnham · Köln · Sebastopol · Taipei · Tokyo

Kommentare und Fragen können Sie gerne an uns richten:
O'Reilly Verlag
Balthasarstr. 81
50670 Köln
E-Mail: kommentar@oreilly.de

Copyright der deutschen Ausgabe:
© 2010 by O'Reilly Verlag GmbH & Co. KG

Bibliografische Information Der Deutschen Nationalbibliothek
Die Deutsche Nationalbibliothek verzeichnet diese Publikation in der Deutschen Nationalbibliografie; detaillierte bibliografische Daten sind im Internet über *http://dnb.d-nb.de* abrufbar.

Lektorat: Volker Bombien, Köln
Korrektorat: Eike Nitz, Köln
Satz: III-satz, Husby, www.drei-satz.de
Umschlaggestaltung: Michael Oreal, Köln
Illustrationen: Nicole Britz, München
Produktion: Andrea Miß, Köln
Druck: fgb freiburger graphische betriebe; www.fgb.de

ISBN 978-3-89721-559-7
Dieses Buch ist auf 100% chlorfrei gebleichtem Papier gedruckt.

Inhalt

KAPITEL 1

Einführung

Vorwort

Es ist immer ein Wagnis, ein technisches Buch über ein Softwareprojekt zu schreiben, das sich noch im Betastadium befindet. Vor allem dann, wenn das Projekt sich so schnell entwickelt wie CouchDB. Als dieses Buch entstand, gab es CouchDB Version 0.10.1, aber es kann durchaus sein, dass Sie jetzt schon die Version 0.11.0 vorfinden, oder gar den Release 1.0. Zwar kann man in etwa sagen, was sich in zukünftigen Versionen ändern wird, jedoch wollte ich Sie nicht mit Vermutungen verwirren. Grundlegende Funktionalitäten werden sich jedoch nicht so schnell ändern, und erst recht nicht der Ansatz von CouchDB. Derzeit wird in einigen Projekten die Version 0.10.1 von CouchDB produktiv eingesetzt.

Das Buch, das Sie gerade in der Hand halten, ist als Einführung und Nachschlagewerk gedacht. Sie finden hier die wesentlichen Dinge zu CouchDB. CouchDB-Cracks werden sicherlich das ein oder andere vermissen, und sicherlich wird man als Leser auch zu bestimmten Themen noch mehr wissen wollen. Das Internet bietet einige Tutorials und Artikel zu CouchDB, und es wird in Zukunft auch noch mehr geben. Im Moment wird die Dokumentation von der CouchDB-Community diskutiert und überarbeitet.

Das Runde

Bevor wir uns mit dem Thema CouchDB näher beschäftigen, möchte ich noch von einem Erlebnis berichten. Meine Tochter Elena, erst süße 19 Monate alt, spielte erst eines von diesen pädagogischen Spielen. Vielleicht kennen Sie es auch: Dabei geht es darum, geometrische Figuren wie Würfel, Zylinder und Dreiecke durch entsprechende Öffnungen zu schieben. Ich sah, wie sie versuchte, den Zylinder in die Dreiecksform zu pressen. Natürlich tat sie das mit gebührendem Nachdruck. Was nicht passt, wird passend gemacht. Dabei ging mir ein Licht auf: Genau so muss es wohl sein, wenn wir in der Erwachsenen- oder Entwicklerwelt versuchen, etwas mit Mitteln zu lösen, die dafür einfach nicht gedacht sind. Es geht irgendwie. Es wird passend gemacht. Als meine Süße erkannte, dass der Zylinder in das Runde viel besser reinpasst, lachte Sie herzlich und war stolz. Es ging viel einfacher und fühlte sich viel natürlicher an. So ist es vielleicht auch mit CouchDB. Viele Webentwickler bedienen sich relationaler Datenbanken für die Lösung von Problemen, bei denen eine dokumentbasierte Datenbank wesentlich besser wäre. Und so stolz wie meine Tochter bei Ihrer Entdeckung war, bin ich auch stolz, einen Weg gefunden zu haben, die Daten in meiner Anwendung wesentlich natürlicher zu speichern und abzufragen. Ich freue mich darüber, dass ich sogar auf Middleware verzichten könnte. Ich habe sozusagen das Runde gefunden.

CouchDB

CouchDB ist eine dokumentbasierte Datenbank, was nicht gleichbedeutend mit einer Objektdatenbank oder gar einer objektrelationalen Datenbank ist. Denn die in CouchDB gespeicherten Dokumente haben von ihrer Definition her keine Beziehungen untereinander. Beziehungen werden nur explizit in Abfragen bzw. in der Applikation hergestellt. Dabei können die Dokumente jede komplexe Datenstruktur annehmen.

Anders als bei bisher bekannten Datenbanksystemen und vor allem im Gegensatz zu relationalen Datenbanken werden Abfragen in CouchDB nicht über SQL definiert. Während bei anderen Datenbanksystemen versucht wird, alle Prozesse hinter der SQL-Abfrage vor dem Benutzer zu verstecken, öffnet CouchDB diese Prozesse und erlaubt dem Entwickler, mehr Kontrolle über sie auszuüben. Aus diesem Grund ist es am Anfang sicherlich schwierig zu verstehen, warum es in CouchDB keine JOINS gibt oder warum sich CouchDB so oder so verhält. Gerade weil es sich dabei um Dinge handelt, die man vielleicht bisher als gegeben angesehen und deshalb nie über sie nachgedacht hat. Sobald man jedoch diesen Paradigmenwechsel überstanden hat, öffnet sich eine Tür, durch die Sie gehen sollten.

Das Entwickeln mit CouchDB ist erstaunlich einfach. Gerade für Webanwendungen ist es besonders geeignet. Bisher haben Sie vielleicht Ihre Anwendungen in PHP programmiert, die Daten in MySQL gespeichert und die Benutzeroberfläche in JavaScript und HTML/CSS gebaut. Mit CouchDB muss sich das nicht zwangsläufig ändern, jedoch können Sie die Zeit, die Sie für bestimmte Bausteine benötigen, anders verteilen. Wenn Sie zum Beispiel Ihre Anwendung in PHP geschrieben und Ihre Datenbankanfragen in SQL definiert haben, können Sie mit CouchDB auf PHP und SQL verzichten – wenn Sie mögen. Damit geht einher, dass bestimmte Logiken nun in CouchDB selbst implementiert werden müssen, jedoch der Gewinn ist immens. Zum einen brauchen Sie im Kopf nicht mehr zwischen verschiedenen Sprachen hin und her zu schalten, zum anderen können Sie sich hauptsächlich auf die Implementierung der Benutzeroberfläche konzentrieren. Die Benutzeroberfläche würde die Daten direkt aus der Datenbank beziehen, und zwar über einfache HTTP-Requests. Die kennen Sie vielleicht schon aus Projekten, bei denen Sie mit AJAX-Techniken zu tun hatten. Von der Datenbank erhalten Sie die Daten im JSON-Format, was sich nahtlos in JavaScript verarbeiten lässt. Man kann sogar davon ausgehen, dass Sie über diesen Weg eine Menge Zeit einsparen können. Das ist einer der Gründe dafür, dass Entwickler, die mit CouchDB arbeiten, so unglaublich entspannt sind. Time to Relax. Nutzen Sie das Buch und die darin enthaltenen Codebeispiele, um sich selbst ein Bild zu machen. Die enthaltene Beispiel-anwendung beschreitet den beschriebenen Weg und zeigt, wie Sie sogar die Anwendung selbst in der Datenbank speichern können.

Heutzutage kommen in Programmiersprachen wie Java, Ruby oder PHP Abstraktionsebenen zum Einsatz, die die Aufgabe haben, native Objekte auf Tabellen in der relationalen Datenbank abzubilden. Jedoch gibt es immer wieder Situationen, in denen zum Beispiel ein ActiveRecord von Ruby keine ausreichende Lösung bietet, womit man dann wieder bei SQL angelangt ist.

Es ist wichtig zu erwähnen, dass CouchDB nicht als eine Art Ersatz für relationale Datenbanken zu sehen ist. Jeder Ansatz hat seine Stärken und Schwächen. Ihre Aufgabe sollte es sein, für jeden Anwendungsfall das passende Werkzeug zu verwenden. Derzeit werden relationale Datenbanken für alles Mögliche eingesetzt, wobei dieser Datenbanktyp nicht immer seine Stärken ausspielen kann.

Relationale Datenbanken sind nicht dafür gemacht, verschieden strukturierte Dokumente zu speichern. Vielmehr liegt ihre Stärke darin, dynamische Abfragen auf fest strukturierte Daten schnell und gut zu verarbeiten. Das ist zum Beispiel bei wissenschaftlichem Arbeiten der Fall, wo Sie verschiedene Abfragen über eine einmal erhobene Datenmenge durchführen müssen, um bestimmte Aussagen über dies und das treffen zu können. Auch bei der Führung von Bankkonten oder Ähnlichem können relationale Datenbanken ihre Stärken ausspielen. Wenn Sie jedoch eine Anwendung haben, bei der es naturgemäß um Dokumente geht, warum setzen Sie dann keine darauf spezialisierte Datenbank ein? Dokumente sind zum Beispiel Blogeinträge, Kontaktdaten, E-Mails, Webseiten, Kommentare, Videos, Bilder und so weiter.

Die Stärken von CouchDB liegen unter anderem darin, Dokumente effizient zu speichern und diese zu verarbeiten. Da Dokumente von Natur aus nicht immer gleich strukturiert sind, ist es schwierig, sie in relationalen Datenbanken abzubilden.

Natürlich gibt es mittlerweile standardisierte Wege, mit denen Sie Objekte unterschiedlicher Struktur in einer relationalen Datenbank speichern und abfragen können. Viele setzen dafür zum Beispiel das »Entity-Attribute-Value«-Modell (EAV) ein, was jedoch wider die Natur von SQL-Datenbanken ist: Zum einen müssen Sie die Zeilen beim Laden wieder in Spalten umwandeln, zum anderen werden Sie um riesige ineffiziente SQL-Statements nicht herumkommen.

Wenn Sie zum Beispiel eine Anwendung schreiben, bei der Sie Daten zu Patienten in Krankenhäusern speichern müssen, warum nicht einfach im Dokument des Patienten diese Daten hinterlegen? Diese können jedes Mal anders ausfallen. Und das macht auch noch Spaß. CouchDB liefert dafür den richtigen Ansatz. CouchDB ist schemalos. Das bedeutet, dass es keine explizite Definition von Datenstrukturen gibt. Im Grunde genommen können Sie jedes Objekt mit einer beliebigen Struktur in der Datenbank speichern. Das ist ein weiterer Relax-Faktor, der Ihnen große Flexibilität einräumt und dabei helfen kann, eine Menge Zeit zu sparen.

CouchDB selbst ist in Erlang implementiert. Erlang ist eine funktionale Programmiersprache, die für ihre Eigenschaften in verteilten Systemen und bei paralleler Verarbeitung bekannt ist. Diese Eigenschaften hat CouchDB geerbt, und es setzt sie konsequent um. Kombiniert mit anderen Designentscheidungen macht Erlang CouchDB zu einer robusten Anwendung, die sehr gut in verteilten Systemen einsetzbar ist.

Konventionen

Die folgenden typographischen Konventionen werden in diesem Buch benutzt:

Kursivschrift
  Kennzeichnet neue Begriffe, URLs, Dateinamen, Dateierweiterungen, Verzeichnisse, Befehle und Namen von Programmen. So wird ein Pfad im Dateisystem z.B. als */usr/local* dargestellt.

`Nichtproportionalschrift`
  Kennzeichnet Codebeispiele sowie Befehle, die auf der Kommandozeile einzugeben sind, außerdem einzelne Hervorhebungen im Text, Schlüsselwörter und Modulnamen.

Danksagung

An der Entwicklung des Buches haben viele Menschen mitgewirkt. Als Erstes möchte ich meiner Frau Yvonne und meiner Tochter Elena für ihre Unterstützung und ihr Verständnis danken. Unzählige Wochenenden habe ich mich in ein Café zurückgezogen, um auf Port 5984 für sie unverständliche Dinge zu tun. Ohne Euch gäbe es dieses Buch nicht. Danke, Yvonne. Danke, Elena. Knutsch! Ganz besonders möchte ich mich auch bei Volker Bombien vom O'Reilly Verlag bedanken, der mich bei meinem ersten Buch sicher durch das Fahrwasser geführt hat. Viele Anregungen, Ideen und Hilfestellungen von ihm haben dieses Buch erst möglich gemacht. Danke, Volker. CouchDB ist für mich ein neues Thema gewesen, dem ich mich nicht so hätte annähern können, wenn ich nicht die tatkräftige Unterstützung von Jan Lehnardt gehabt hätte. Er ist als einer der Hauptentwickler von CouchDB ziemlich beschäftigt und hat sich trotzdem die Zeit genommen, auf meine Fragen zu antworten und mich fachlich zu unterstützen. Nicht unerwähnt sollte auch J. Chris Anderson bleiben, der mir mehrere Male weitergeholfen hat. Danke, Jan. Danke, Chris. Danken möchte ich auch Ingo, Norbert, Marco und Volker, die mir bei der einen oder anderen Fragestellung zur Seite standen, sich meinen Text in unzähligen Versionen durchlesen mussten und stets als Sparringspartner zur Verfügung standen. Zuletzt möchte ich natürlich der gesamten CouchDB-Community danken. Es ist wirklich großartig, wie schnell offene Fragen geklärt werden konnten. Die Mailinglisten kann ich nur jedem CouchDB-Benutzer ans Herz legen.

KAPITEL 2

Installation

CouchDB installieren

In diesem Kapitel erfahren Sie, wie Sie CouchDB auf Ihrem System installieren können. Zuvor muss jedoch erwähnt werden, dass CouchDB sich wesentlich schneller entwickelt als andere Projekte. So kann es passieren, dass Installationsanleitungen schnell veralten. Die hier beschrieben Schritte beziehen sich auf die Version 0.10.x.

Installation unter Linux

Die Installation unter verschiedenen Linux-Derivaten unterscheidet sich von Distribution zu Distribution. Im Folgenden werden die gängigsten Varianten vorgestellt. Sollte die gewünschte Distribution nicht darunter sein, haben Sie immer noch die Möglichkeit, die jeweiligen Quellcodes zu kompilieren.

Debian/Ubuntu

Der einfachste Weg bei Debian/Ubuntu geht über den Paketmanager *Aptitude*. Dazu rufen Sie die Konsole auf und führen folgende Befehle nacheinander aus:

sudo aptitude update
sudo aptitude install couchdb

Nach Eingabe des Passworts und der Bestätigung des Vorgangs wird CouchDB auf dem System installiert und als Daemon gestartet. Dabei werden automatisch der Benutzer *couchdb* angelegt und die passenden Rechte gesetzt.

Novell Suse

Einfach und unkompliziert geht es auch bei *openSuSe/SLED*. Hier werden fertige One-Click-Install-Pakete angeboten. Diese finden Sie auf der Website *http://software.opensuse.org*.

RedHat

Zur Installation unter RedHat werden die EPEL (Extra Packages for Enterprise Linux) benötigt. Installieren Sie zunächst die benötigten Pakete und Abhängigkeiten. Nutzen Sie dafür den Paketmanager *yum*.

yum install ncurses-devel openssl-devel icu libicu-devel js js-devel curl-devel erlang

---

ACHTUNG

Unter RedHat 4 werden die Pakete *js-devel* und *erlang* nicht durch die *EPEL* abgedeckt, so dass sie unter Umständen kompiliert werden müssen. Für weitere Details schauen Sie sich den Teil über das Kompilieren des Quellcodes an.

Danach müssen Sie den Quellcode von CouchDB herunterladen, entpacken und kompilieren. Hier sehen Sie die URL für den aktuellen Quellcode:

wget http://apache.mirroring.de/couchdb/0.10.1/apache-couchdb-0. 10.1.tar.gz

Entpacken Sie den Quellcode und wechseln Sie in das entsprechende Verzeichnis.

tar -xvfz apache-couchdb-0.10.1.tar.gz
cd apache-couchdb-0.10.1

Führen Sie folgende Befehle als Root-Benutzer nacheinander aus:

./bootstrap
./configure
make
make install

Legen Sie einen Benutzer an und setzen Sie die Berechtigungen:

adduser -r --home /usr/local/var/lib/couchdb -M --shell /bin/bash --comment "CouchDB Administrator" couchdb

Nun sollten Sie CouchDB direkt starten können.

sudo -u couchdb couchdb

Darüber hinaus können Sie CouchDB auch als Daemon registrieren, der automatisch beim Booten gestartet wird:

sudo ln -s /usr/local/etc/rc.d/couchdb /etc/init.d/couchdb
sudo chkconfig --add couchdb

Installation unter Mac OS X

Der einfachste Weg, um CouchDB auf einem Mac zu installieren, ist über das Bundle *CouchDBX*. *CouchDBX* ist ein inoffizieller Release von Apache CouchDB. Es unterstützt nur Intel-basierte MACs ab Mac OS X 10.5 Leopard aufwärts. Das Bundle enthält alle wichtige Bestandteile, die zum Betrieb von CouchDB erforderlich sind:

- Erlang
- ICU
- SpiderMonkey
- Apache CouchDB

Gleich nach dem Download kann das Programm ausgeführt werden. Der folgende Screenshot zeigt das mit CouchDB gelieferte Utility Futon.

Dieses Paket eignet sich vor allem dazu, CouchDB schnell auf einem Mac zu installieren und ein wenig damit zu experimentieren.

CouchDB lässt sich auch mit MacPorts installieren. Hierzu müssen die Xcode Developer Tools installiert sein. Um die Installation von CouchDB zu starten, rufen Sie das Terminalfenster auf und geben folgenden Befehl ein:

sudo port install couchdb

Abbildung 2-1: CouchDBX

Ähnlich wie bei diversen Linux-Derivaten installiert der Paketmanager MacPorts CouchDB mit den dazugehörigen Abhängigkeiten
auf Ihrem Mac. Die letzte Nachricht der Installationsroutine ist
»cleaning couchdb«, danach sollten Sie wieder die Befehlseingabe
erhalten. Um CouchDB automatisch bei jedem Bootvorgang zu
starten, können Sie über folgende Zeile CouchDB als Service registrieren:

sudo launchctl load -w /Library/LaunchDaemons/org.apache.
couchdb.plist

Sollten Sie sich dafür entscheiden, CouchDB manuell zu starten
und zu stoppen, können Sie das mit folgenden Befehlen tun:

sudo launchctl start org.apache.couchdb

und

sudo launchctl stop org.apache.couchdb

Installation unter Windows

Seit der Version 0.10.0 steht ein Installer für Windows zur Verfügung. Auch für kommende Versionen von CouchDB wird es vermutlich einen Binary Installer geben. Für Version 0.10.0 können Sie diesen unter folgender URL herunterladen:

http://people.apache.org/~mhammond/dist/0.10.0/

Starten Sie das Installationsprogramm wie gewohnt. Sobald die Installationsroutine erfolgreich durchgelaufen ist, können Sie das Programm starten. Klicken Sie dazu auf *Start* und wählen Sie unter *Programme* den Ordner *Apache CouchDB* aus. Klicken Sie nun auf *Start CouchDB*. Daraufhin sollte sich ein Eingabeaufforderungs-fenster öffnen.

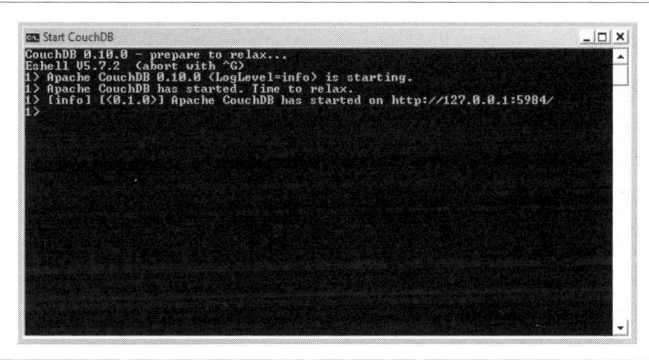

Abbildung 2-2: Das Fenster beim Starten unter Windows

Nun sollte CouchDB gestartet sein.

Die Ausführung der mitgelieferten Test Suite schlägt unter Windows fehl. Hierbei handelt es sich um ein Zugriffsproblem, bei dem CouchDB versucht, eine Datei zu löschen, die noch in Gebrauch ist.

Der Installer unterstützt es derzeit nicht, CouchDB als Dienst zu starten. Jedoch können Sie das im Nachhinein, unter Verwendung entsprechender Werkzeuge, ermöglichen. CouchDB lässt sich auch unter Windows kompilieren. Die benötigten Werkzeuge und die Abhängigkeiten unterscheiden sich jedoch nicht von denen, die unter einem Linux-System erforderlich währen.

Kompilieren des Quellcodes

Über die Paketmanager (Aptitude etc.) ist nicht immer sichergestellt, dass die neueste Version von CouchDB installiert wird. Um sicherzugehen, sollten Sie sich den Quellcode herunterladen und die Applikation auf dem System kompilieren. Um CouchDB zu verwenden, benötigen Sie Erlang, ICU und SpiderMonkey. Zum Kompilieren werden OpenSSL, libcurl bzw. curl mit SSL, libncurses-dev, g++, GNU Make und die GNU Compiler Collection benötigt.

Kompilieren von Erlang

Zunächst benötigen Sie den Erlang-Sourcecode. Den können Sie bequem mit wget herunterladen. Es wird empfohlen, die Version *OTP-R12-5* oder höher zu verwenden. Erlang ist eine auf Nebenläufigkeit spezialisierte Programmiersprache, und CouchDB wurde in Erlang entwickelt.

wget http://www.erlang.org/download/otp_src_R13B03.tar.gz

Nachdem Sie den Quellcode heruntergeladen haben, entpacken Sie ihn und wechseln in das entsprechende Verzeichnis:

tar -xvzf /root/otp_src_R13B03.tar.gz
cd otp_src_R13B03

Führen Sie folgende Befehle nacheinander aus:

./configure
make
make install

Beachten Sie dabei, dass Sie für *make install* Root-Rechte benötigen. Um die Installation zu überprüfen, führen Sie einfach den folgenden Befehl auf der Kommandozeile aus:

erl

Dies sollte den Erlang-Kompiler starten, wobei die Ausgabe beispielweise mit

```
Erlang R13B02 (erts-5.7.3) [source] [smp:2:2] [rq:2] [async-
threads:0] [hipe] [kernel-poll:false]

Eshell V5.7.3  (abort with ^G)
```

beginnt. Um das Programm wieder zu verlassen, drücken Sie die Tasten *Control* und *g*. Danach beenden Sie das Programm, indem Sie *q* (für *quit*) eingeben und mit *Enter* bestätigen.

Kompilieren von ICU

ICU wird für den Unicode-Support von CouchDB benötigt. Laden Sie sich zunächst den aktuellen ICU-Quellcode herunter:

wget http://download.icu-project.org/files/icu4c/4.2.1/icu4c-4_2_1-src.tgz

Entpacken Sie diesen und wechseln Sie in das Quellcodeverzeichnis:

tar -xvzf icu4c-4_2_1-src.tgz
cd icu/source

Stellen Sie sicher, dass die für das Kompilieren, Konfigurieren und Installieren nötigen Rechte auf die entsprechenden Dateien angewendet wurden:

chmod u+x runConfigureICU

Führen Sie dann folgende Befehle nacheinander aus:

./runConfigureICU Linux
make
make install

Sie benötigen für das Ausführen von *make install* Root-Rechte.

Kompilieren von SpiderMonkey

Laden Sie sich zunächst den aktuellen Quellcode von SpiderMonkey herunter:

wget http://ftp.mozilla.org/pub/mozilla.org/js/js-1.7.0.tar.gz

Entpacken Sie ihn und wechseln Sie in das Quellcodeverzeichnis.

```
tar -xvzf js-1.7.0.tar.gz
cd js/src
```

Führen Sie folgenden Befehl aus:

```
make -f Makefile.ref
```

Nach dem Kompilieren von SpiderMonkey kopieren Sie mit folgenden Anweisungen die benötigten Dateien an die entsprechende Stelle:

```
cp Linux_All_DBG.OBJ/libjs.so /usr/local/lib/
mkdir /usr/local/include/js/
cp *.h /usr/local/include/js/
cp Linux_All_DBG.OBJ/*.h /usr/local/include/js/
cp *.tbl /usr/local/include/js/
```

Nun haben Sie alle Komponenten installiert, die erforderlich sind, um CouchDB zu installieren.

Kompilieren von CouchDB

Laden Sie sich den aktuellen Quellcode herunter:

```
wget http://apache.mirroring.de/couchdb/0.10.1/apache-couchdb-0.10.1.
tar.gz
```

Entpacken Sie den Quellcode und wechseln Sie in das entsprechende Verzeichnis:

```
tar -xvzf apache-couchdb-0.10.1.tar.gz
cd apache-couchdb-0.10.1
```

Führen Sie folgende Befehle aus, um den Build-Prozess zu starten und abzuschließen:

```
./configure
make
make install
```

TIPP

Wenn Sie den Quellcode von anderer Stelle bezogen haben, zum Beispiel *github.com*, müssen Sie meistens vor dem *./configure*-Skript noch das *./bootstrap*-Skript ausführen.

Wenn alles gutgegangen ist, sollte CouchDB jetzt schon auf Ihrem System kompiliert sein. Erstellen Sie doch zunächst einen Systemnutzer, mit dem CouchDB ausgeführt werden soll, und achten Sie beim Anlegen darauf, kein Passwort für diesen Benutzer zu vergeben:

adduser --system --home /usr/local/var/lib/couchdb --no-create-home --shell /bin/bash --group --gecos "CouchDB Administrator" couchdb

Erstellen Sie die benötigten Verzeichnisse auf Ihrem System:

mkdir -p /usr/local/var/lib/couchdb
mkdir -p /usr/local/var/log/couchdb
mkdir -p /usr/local/var/run

Ändern Sie nun den Besitzer dieser Verzeichnisse auf den CouchDB-Systembenutzer (*couchdb*):

chown -R couchdb:couchdb /usr/local/var/lib/couchdb
chown -R couchdb:couchdb /usr/local/var/log/couchdb
chown -R couchdb:couchdb /usr/local/var/run
chmod -R 0770 /usr/local/etc/couchdb
chmod -R 0770 /usr/local/var/lib/couchdb
chmod -R 0770 /usr/local/var/log/couchdb
chmod -R 0770 /usr/local/var/run/couchdb

Kopieren Sie zu guter Letzt das Startscript nach */etc/init.d/*:

cp /usr/local/etc/init.d/couchdb /etc/init.d/

Nun ist CouchDB auf Ihrem System installiert. Starten Sie es mit dem folgenden Befehl:

/etc/init.d/couchdb start

Überprüfen der Installation

Um Ihre Installation zu überprüfen, starten Sie zunächst CouchDB über die Kommandozeile:

/etc/init.d/couchdb start

Wenn CouchDB erfolgreich gestartet wurde, sollten Sie folgende Rückmeldung vom System erhalten:

```
Apache CouchDB has started. Time to relax.
```

Versuchen Sie nun mit folgendem Befehl, auf Ihre CouchDB-Instanz zuzugreifen:

curl -X GET http://127.0.0.1:5984

Alternativ können Sie das auch mit einem Brower auf dem System tun, indem Sie die genannte URL im Browser aufrufen. Sie sollten eine Rückmeldung ähnlich wie diese erhalten:

```
{"couchdb":"Welcome","version":"0.10.1"}
```

CouchDB wird mit dem Werkzeug Futon ausgeliefert. Damit können Sie Datenbanken und Dokumente verwalten, die Konfiguration ändern, die Replikation starten, den Status einsehen und die mitgelieferte Test Suite starten. Rufen Sie in Ihrem Browser folgende URL auf, um zum Werkzeug Futon zu gelangen:

http://127.0.0.1:5984/_utils/

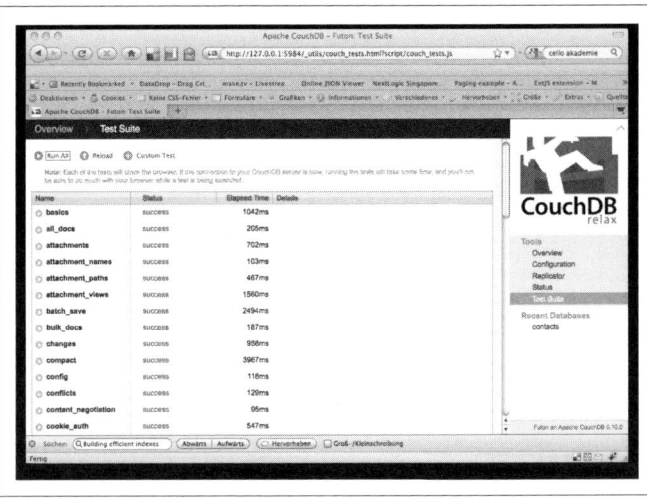

Abbildung 2-3: cFuton im Browser

Volltextsuche integrieren

CouchDB bietet Ihnen die Möglichkeit, diverse Volltext-Suchengines zu integrieren. Somit sind Sie nicht auf eine einzelne Technologie beschränkt und haben diverse Wahlmöglichkeiten. Bisher erfolgten die Integrationen über externe Projekte wie CouchDB Lucene, HyperCouch und CouchDB Solr2. Im Folgenden wird beschrieben, wie Sie eine Volltextsuche mit Apache Lucene integrieren können. Zur Integration von Lucene steht ein externes Projekt zur Verfügung, CouchDB Lucene.

Installation von CouchDB Lucene

Zur Installation benötigen Sie einen Git-Client und das Java Developer Environment. Da die Abhängigkeiten mit Maven verwaltet werden, sollten Sie sich darum keine Sorgen machen müssen.

Laden Sie sich zunächst den Quellcode von CouchDB Lucene herunter:

git clone git://github.com/rnewson/couchdb-lucene.git

Alternativ können Sie sich auch das zur Verfügung gestellte tarball herunterladen. Nach dem erfolgreichen Herunterladen wechseln Sie in das entsprechende Verzeichnis:

cd couchdb-lucene

Geben Sie nun folgenden Befehl ein, um die Abhängigkeiten herunterzuladen und den Build-Prozess für das Projekt zu starten:

mvn

Als Ergebnis des Build-Prozesses sollte die Datei

target/couchdb-lucene-<version>-jar-with-dependencies.jar

auf Ihrem System erstellt worden sein. Nun sind Sie in der Lage die Konfiguration des CouchDB-Servers entsprechend anzupassen.

Konfiguration

Als Erstes müssen Sie den Index-Prozess starten, wenn sich etwas in CouchDB geändert hat. Tragen Sie also in der Datei *local.ini* Folgendes ein:

```
[update_notification]
 indexer=/usr/bin/java -jar /path/to/couchdb-lucene-<version>-
jar-with-dependencies.jar -index
```

Der Suchprozess von CouchDB-Lucene wird als externer Prozess aufgerufen. Das geschieht in der Sektion *http_handlers* Ihrer Konfigurationsdatei. Erhöhen Sie zunächst das Timeout-Limit für externe Prozesse auf 60 Sekunden:

```
[couchdb]
os_process_timeout=60000
```

Fügen Sie nun ein externes Modul zu CouchDB hinzu. *fti* ist der Key für den jeweiligen Http-Handler:

```
[external]
fti=/usr/bin/java -jar /path/to/couchdb-lucene-<version>-jar-
with-dependencies.jar -search
```

In der Sektion *http_handlers* tragen Sie nun das entsprechende Modul ein:

```
[httpd_db_handlers]
_fti = {couch_httpd_external, handle_external_req, <<"fti">>}
```

Verwendung

Für das Verwenden der Volltextsuche müssen Sie eine Indexfunktion in Ihr Designdokument integrieren. Das geschieht auf derselben Ebene wie Views, nur mit dem Keyword »fulltext«. Folgende Referenzimplementation wird von den Entwicklern vorgeschlagen:

```
{
    "views": {
        //normale Definition der Views
    },
    "fulltext": {
        "by_subject": {
            "defaults": { "store":"yes" },
```

```
            "index":"function(doc) { var ret=new Document();
                ret.add(doc.subject); return ret
                }"
            }
        }
    }
```

Die Suchanfrage kann dann über eine URL erfolgen, z. B.

*http://localhost:5984/dbname/_fti/design_doc_name/
by_subject?q=Hallo*

Parameter

Für den Aufruf dieses Handlers stehen verschiedene Parameter zur
Verfügung:

q
> Begriff, nach dem gesucht werden soll (zum Beispiel »Hallo«)

sort
> Kommagetrennte Felder, nach denen sortiert werden soll.
> Standardeinstellung ist absteigende Sortierung. Die Sortierrei-
> henfolge geben Sie über das Präfix an: / für aufsteigende Rei-
> henfolge und \ für absteigende.

limit
> Maximale Anzahl der zurückgelieferten Ergebnisse

skip
> Offset: Anzahl der Ergebnisse, die übersprungen werden sollen

include_docs
> true/false: Gibt an, ob die Quelldokumente mit zurückgelie-
> fert werden sollen oder nicht.

stale=ok
> Wenn Sie *stale* mit der Option *ok* übergeben, wird *couchdb-
> lucene* während der Suche keine Aktualisierung der Indexe vor-
> nehmen, was die Suche schneller macht. Lucene speichert
> wichtige Daten zwischen, insbesondere für die Sortierung. Eine
> Anfrage ohne *stale=ok* würde immer die aktuellsten Daten
> zurückliefern.

debug

Mit diesem Flag können Sie die Ausgabe von *application/json* auf HTML umschalten, was für das Debugging von Vorteil ist.

KAPITEL 3

Konfiguration

Die Konfigurationdateien liegen gewöhnlich unter */usr/local/etc/couchdb*. Nach erfolgreicher Installation müssten Sie hier folgende Dateien vorfinden:

default.ini
local.ini

Die Datei *default.ini* ist die Konfigurationsdatei für den CouchDB-Server. Wenn Sie CouchDB aktualisieren bzw. upgraden, wird diese Datei überschrieben. Alle Konfigurationseinstellungen können Sie in der Datei *local.ini* überschreiben. Kopieren Sie dazu einfach den jeweiligen Parameter von *default.ini* in *local.ini* und nehmen Sie entsprechende Anpassungen vor.

ACHTUNG

Das Entwicklerteam von CouchDB ist sehr engagiert. Die Entwicklung von Features und Verbesserungen geht zügig voran, wobei es unter Umständen zu Änderungen an der Art und Weise der Konfiguration kommen kann. Beachten Sie bitte, dass die hier dargestellten Parameter und Optionen sich auf die *Version 0.10.1* beziehen.

Im Folgenden werden die wichtigsten Optionen vorgestellt. CouchDB lässt sich auf verschiedene Art und Weise anpassen und integrieren. Da es sich bei CouchDB nicht nur um eine reine Datenbank handelt, sondern auch um einen HTTP-Server, gibt es ähnlich viele Optionen, um es zu integrieren. Wie Sie es wahrscheinlich von Webservern her kennen, haben Sie zum Beispiel verschiedene Möglichkeiten, Handler zu integerieren. Die Authentifikation ist genauso anpassbar wie externe Prozesse oder die entsprechenden URLs. Jedes neue Modul bzw. jede Weiterentwicklung von CouchDB wird sicherlich neue Möglichkeiten mit sich bringen.

CouchDB

Einstellungen zu spezifischen CouchDB-Parametern können Sie in der Sektion *couchdb* vornehmen. Folgende Parameter stehen Ihnen zur Verfügung:

database_dir = /var/lib/couchdb
    Hiermit wird der Pfad zu den Datenbankdateien angegeben.

view_index_dir = /var/lib/couchdb
    Verzeichnis, in dem die *view_index*-Dateien abgelegt werden

util_driver_dir = /lib/couchdb/erlang/lib/couch-0.10.0/priv/lib
    Pfad zu den Treibern, die CouchDB benutzt, um auf externe Prozesse zuzugreifen

max_document_size = 4294967296
    Maximale Dokumentengröße in Bytes

max_attachment_chunk_size = 4294967296
    Maximale Größe eines Attachments, das CouchDB im Zwischenspeicher hält

os_process_timeout = 5000
    Maximale Laufzeit in Milisekunden für Views und andere externe Prozesse/Server

max_dbs_open = 100
    Maximale Anzahl von Datenbanken, die gleichzeitig geöffnet werden können

delayed_commits = true
    Definiert, ob verzögerte Commits durchgeführt werden können oder nicht

batch_save_size = 1000
    Anzahl der Dokumente, die beim batch_save gespeichert werden

batch_save_internal = 1000
    Millisekunden, nach denen batch_save ausgeführt wird

HTTP

Alle HTTP-Optionen werden in der Sektion *httpd* vorgenommen. Folgende Parameter sind für Sie einstellbar:

port = 5984

Der Port, unter dem CouchDB erreichbar ist. Der Standardport ist 5984.

bind_address = 127.0.0.1

Die Netzwerkaddresse (IP), unter der der CouchDB Server erreichbar ist. Nach der Installation ist hier zunächst die *Loopback*-Addresse 127.0.0.1 eingetragen, was den Server nur für den lokalen Host erreichbar macht. Für eine Netzwerkinstallation müssen Sie diese Addresse auf die jeweilige IP Ihres Servers einstellen. Alternativ können Sie die bind_adress auch mit 0.0.0.0 konfigurieren. Dies ist oft einfacher, als die aktuelle externe IP herauszufinden. Sollten Sie einen DHCP-Server einsetzen, ist diese Einstellung sehr komfortabel.

Vergessen Sie dabei nicht, die entsprechenden Sicherheitseinstellungen vorzunehmen, damit nicht jeder Benutzer, der auf den CouchDB-Server über HTTP zugreift, dazu in der Lage ist, Dokumente und Datenbank zu lesen, zu löschen und zu manipulieren.

authentication_handlers = {couch_httpd_auth, default_authentication_handler}

Hier werden die verschiedenen Module für die Authentifikation registriert.

authentication_handler = {couch_httpd_db, handle_request}

Setzt das aktive Authentifikationsmodul.

default_handler ={couch_httpd_db, handle_request}

Mit dieser Option wird der Default HTTP-Handler gesetzt.

WWW-Authenticate = Basic realm="administrator"

Setzt den Bereich für den WWW-Authenticate-Header, der bei der Basic-Authentifizierung mitgesendet wird. Dieser führt zu dem bekannten und unschönen Pop-up.

Logging

Einstellung zum Logging können Sie in der Sektion *log* mit folgenden Parametern vornehmen:

file = /var/log/couchdb/couch.log
> Hier wird die Datei angegeben, in die CouchDB Logeinträge schreibt.

level = error
> Einstellung für das jeweilige LogLevel. Unterstützt werden die Levels *info*, *debug*, *error* und *tmi*.

Für CouchDB gibt es eine *logrotate.d*-Konfiguration. Diese können Sie in der Datei */etc/logrotate.d/couchdb* anpassen.

Authentifizierung

Für Einstellungen bzgl. der Authentifizierung können Sie verschiedene Parameter anpassen. Zum einen können Sie in der Sektion *couch_http_auth* Folgendes festlegen:

authentication_db = users
> Mit dieser Option können Sie eine Datenbank festlegen, in der die Benutzer gespeichert werden. Diese Option funktioniert in CouchDB 0.10.1 nur in Verbindung mit der Cookie-Authentifizierung.

secret = topsecret
> Zeichenkette, die für das Verschlüsseln von Passwörtern verwendet wird.

require_valid_user = false
> Wenn Sie diese Option mit *true* aktiviert haben, müssen sämtliche Benutzer, die auf die Datenbank zugreifen wollen, authentifiziert und authorisiert sein. Dies gilt auch für reine Lesezugriffe.

user = pass
> Für CouchDB können Sie Admin-Benutzer anlegen. Diese finden Sie in der Konfigurationsdatei in der Sektion *admins*. Hier werden Benutzername und Passwort erwartet. Das Passwort

können Sie in Klartext schreiben, beim nächsten CouchDB-Start wird es innerhalb der Datei verschlüsselt.

Beispiele für die Konfiguration bezüglich der Cookie-Authentifizierung befinden sich in den Kapiteln *Sicherheit* und *Beispielanwendung*.

Query Server

CouchDB delegiert die Berechnung der Views an externe Server. Dafür verwendet es ein einfaches Line Protocol über den Standard-Input/Output. Der Standardserver ist in JavaScript geschrieben und wird über Mozilla SpiderMonkey ausgeführt. Es können auch andere Sprachen verwendet werden. Mit den folgenden Optionen können Sie diese Server registrieren und konfigurieren:

language = /path/to/server
> In der Sektion *query_servers* können Sie zu verschiedenen Sprachen Query-Server definieren. Der Standardeintrag direkt nach der Installation definiert den JavaScript Query-Server:
>
> ```
> javascript = /opt/local/bin/couchjs /opt/local/share/couchdb/
> server/main.js
> ```

reduce_limit = true
> Diese Option schaltet das Reduce Limit ein oder aus. Für die meisten Anwendungen brauchen Sie *reduce_limit* nicht zu deaktivieren.

Externe Prozesse

Um externe HTTP-Handler zu registrieren, kommentieren Sie die Sektion *external* ein und setzen mit eindeutigem Key den entsprechenden Pfad zu Ihrem Handler.

mykey = /path/to/mycommand

Folgendes Beispiel definiert einen externen HTTP-Handler für *couchdb-lucene*:

```
[external]
fti = /usr/bin/java –jar /path/to/couchdb-lucene.jar -index
```

Den HTTP-Handler können Sie dann in der jeweiligen Sektion einbinden. Ein vollständiges Beispiel für das Einbinden externer Prozesse finden Sie im Abschnitt über die Integration einer Volltextsuche.

Daemons

CouchDB startet diverse sekundäre Services, die in der Sektion *daemons* registriert bzw. aufgeführt werden. Dabei handelt es sich natürlich um Erlang-Module, die mit Ihrem jeweiligen Namen, der Init-Funktion und Parametern aufgerufen werden.

name = {Module, Function, Arguments}

Erweiterungen von CouchDB können auch das Einbinden von Daemons erfordern. Das folgende Listing enthält die Standard-Daemons in CouchDB 0.10.1:

```
[daemons]
view_manager={couch_view, start_link, []}
external_manager={couch_external_manager, start_link, []}
db_update_notifier={couch_db_update_notifier_sup, start_link,
[]}
batch_save={couch_batch_save_sup, start_link, []}
query_servers={couch_query_servers, start_link, []}
httpd={couch_httpd, start_link, []}
stats_aggregator={couch_stats_aggregator, start, []}
stats_collector={couch_stats_collector, start, []}
```

HTTP Handler

Bei CouchDB gibt es verschiedene HTTP-Handler, die in den Sektionen *httpd_global_handlers*, *httpd_db_handlers* und *httpd_design_handlers* registriert werden. Die jeweilige Sektion, in der ein Handler registriert wird, entscheidet darüber, an welcher Stelle der URL der Handler aufgerufen wird.

METHOD /_global_handler
METHOD /dbname/_db_handler
METHOD /dbname/_design/_design_handler

Die Handler werden als Erlang-Module mit dem jeweiligen Pfad bzw. Namen, der Funktion und Parametern aufgerufen.

name = {Module, Function, Arguments}

Die Argumente sind dabei optional. Das folgende Beispiel zeigt einen der Standard-Handler in der Sektion *httpd_global_handlers*:

```
[httpd_global_handlers]
...
_utils = {couch_httpd_misc_handlers, handle_utils_dir_req, "/
opt/local/share/couchdb/www"}
...
```

Dieser Handler ist für die mitgelieferte Benutzeroberfläche *Futon* verantwortlich. Da es sich dabei um einen globalen Handler handelt, können Sie diesen unter folgender URL aufrufen:

http://localhost:5984/_utils

Ähnlich verhält es sich mit den anderen Sektionen. Externe Handler definieren Sie über den Pfadnamen (z.B. *fti*) und das Modul *couch_httpd_external*.

```
[httpd_db_handlers]
_fti = {couch_httpd_external, handle_external_req, <<"fti">>}
```

Im Abschnitt über die Integration einer Volltextsuche finden Sie ein vollständiges Beispiel zur Integration externer Prozesse.

Update Notification

Im Zusammenhang mit externen Prozessen haben Sie in CouchDB die Möglichkeit, bei Änderungen innerhalb von Datenbanken externe Prozesse auszuführen. In der Sektion *update_notification* können Sie diese registrieren.

unique notifier name=/full/path/to/exe -with "cmd line arg"

Somit ist es Ihnen zum Beispiel möglich, die Aktualisierung von Views bei Änderungen über einen externen Prozess auszulösen. Im folgenden Beispiel wird ein externer Indexer für CouchDB Lucene eingebunden:

```
[update_notification]
indexer=/usr/bin/java -jar /path/to/couchdb-lucene-<version>-
jar-with-dependencies.jar -index
```

UUIDs

CouchDB generiert die *DocIDs* für Dokumente über einen UUID-Algorithmus, sofern Sie sie nicht vorher selbst festlegen. In der Sektion *uuids* können Sie einen von drei Algorithmen wählen.

algorithm = algorithm

Folgende Algorithmen stehen Ihnen für das Generieren von UUIDs zur Verfügung:

random
: 128-Bit-Zufalls-Hex-String

sequential
: Zweiteiliger String, bei dem die ersten 26 Hex-Zeichen zufällig generiert und die letzten sechs sequenziell hochgezählt werden. Sobald diese sechs Zeichen erschöpft sind, wird ein neuer 26 Hex-Zeichen langer String erzeugt, und der Prozess beginnt von vorn. Sequentielle UUIDs haben sich in der Praxis als schnell erwiesen. Ab der Version 0.11 von CouchDB ist das die Standardeinstellung.

utc_random
: Die ersten 14 Zeichen stellen die Zeit seit dem 1. Januar 1970 in Mikrosekunden dar, und die letzten 18 Zeichen sind Zufallswerte.

DocIDs in einer Sequenz mit ganzen Zahlen (1,2,3,4), wie Sie diese von anderen Datenbanken kennen, eignen sich nicht für Replikationsszenarien.

KAPITEL 4

Entwicklungsumgebung

Es gibt verschiedene Möglichkeiten, um mit CouchDB Applikationen zu entwickeln. Da CouchDB eine dokumentenbasierte Datenbank ist, lassen sich Anwendungen sogar als Dokumente in CouchDB direkt ablegen. Viele fühlen sich vielleicht unwohl dabei, eine Applikation direkt in CouchDB abzulegen, weil es zu sehr an Lotus Notes oder Filemaker erinnert. Deswegen könnten Sie vielleicht den Einsatz von Middleware bevorzugen.

Ein großer Vorteil dabei ist jedoch, dass diese Anwendungen repliziert werden können. Dokumente und Attachments können mit JavaScript manipuliert werden. Wenn Sie eine Art Offline-Persistenz anstreben, würden die Vorkehrungen auf diese Weise getroffen.

Die in diesem Buch vorgestellten Beispiele verwenden für das Management der Applikationen *CouchApp*, das aus einem Python-Kommandozeilentool und einem JavaScript-Framework besteht. CouchApp hilft dem Entwickler beim Installieren und Deployen des Quellcodes. Dieser wird direkt in die jeweilige Datenbank abgelegt. Über einfache Kommandozeilenbefehle lässt sich eine CouchDB-Applikation erstellen. Äußerst hilfreich sind auch die Deployment-Features von CouchApp.

Programmbibliotheken

Ähnlich wie andere Datenbanken kann auch CouchDB über Bibliotheken verwendet werden. Hierbei ist es natürlich ganz dem Geschmack des Entwicklers überlassen, ob *PHP*, *Java*, *Ruby* oder eine andere Programmiersprache verwendet wird, oder welche *IDE* zum Einsatz kommt. Für alle gängigen Programmiersprachen gibt es mittlerweile Bibliotheken. Die gängisten werden im Folgenden kurz vorgestellt:

JQCouch

JQCouch ist ein JQuery-Plugin (JavaScript), das verschiedene Typen von Verbindungen zu CouchDB unterstützt.

Couchbeam

Couchbeam ist ein einfaches Framework mit einem voll funktionsfähigen, einfachen Client für Erlang. Die Kommunikation mit CouchDB erfolgt nicht über HTTP, sondern über Erlang Messages.

Erlang_CouchDB

Erlang_CouchDB ist ein sehr einfacher CouchDB-Client für Erlang. Hier wurden nur wenige wichtige Funktionen umgesetzt.

CouchDB4J

CouchDB4J ist eine einfache Java-Bibliothek, die es möglich macht, mit CouchDB zu kommunizieren.

ScouchDB

ScouchDB bietet eine Scala-Schnittstelle für CouchDB. Damit ist es sehr einfach, Scala-Objekte persistent als JSON-Dokumente zu verwalten.

Net-CouchDB

Net-CouchDB ist eine Perl-Schnittstelle für CouchDB. Der Einsatz erfordert zusätzlich noch ein JSON-Modul sowie die Bibliothek *libwww-perl* (LWP).

PHPillow

PHPillow ist ein objektorientierter Wrapper für CouchDB.

PHP CouchDB Extension

Mit dieser PHP-Erweiterung lassen sich über eine objektorientierte API CouchDB-Dokumente auf CouchDB Servern manipulieren. Dabei werden die Serverantworten automatisch decodiert und als native PHP-Objekte oder Arrays zurückgegeben.

Couch Potato

Couch Potato ist ein in Ruby geschriebener Persistenz-Layer für CouchDB. Es handelt sich dabei um ein minimales Framework, das nicht versucht, das ActiveRecord-Verhalten nachzuahmen. Es folgt der von CouchDB vorgegebenen Semantik.

CouchRest
CouchRest ist ein einfacher Wrapper für die HTTP-API für Ruby. Die zurückgelieferten Objekte werden als Subclass von Hash zurückgeliefert.

CouchFoo
CouchFoo ist eine Bibliothek, die Ruby-ActiveRecord ähnelt. Die API ist nahezu identisch mit der von ActiveRecord, also sollte es einfach möglich sein, eine Applikation zu migrieren.

Couchdb-Python
Das CouchDB-Paket für Python beinhaltet umfassende Funktionsbibliotheken und Kommandozeilenwerkzeuge, um mit CouchDB Datenbanken und Dokumente zu verwalten.

CouchDBKit
CouchDBKit ist ein umfassendes Framework für Python.

Clouchdb
ClouchDB ist eine allgemeine Lisp-Bibliothek für CouchDB.

Clojure-couchdb
Eine einfache CouchDB-Bibliothek für Clojure; vorausgesetzt werden *clojure-contrib* und *clojure-http-client*.

Sollte die Programmiersprache Ihrer Wahl nicht dabei sein, oder sollten Sie mit der Funktionsweise einer Bibliothek unzufrieden sein, können Sie auch schnell eine eigene schreiben. Da die Kommunikation mit CouchDB über HTTP erfolgt, brauchen Sie dafür nur einen entsprechenden HTTP-Wrapper zu schreiben. Sehen Sie sich dazu die Datei */share/couchdb/www/script/jquery.couch.js an*.

Logging und Debugging

Ganz gleich, ob Sie eine Anwendung direkt in CouchDB entwickeln oder mit einer Middleware: Irgendwann werden Sie an einen Punkt kommen, an dem Sie Fehler analysieren, den Code debuggen und die Prozesse nachvollziehen müssen. CouchDB selbst hat eine einzige Logdatei, in der Sie nachschauen müssen. Sie finden sie, sofern

Sie nichts anderes definiert haben, unter */var/log/couchdb/couch.log*. In der Konfigurationsdatei des CouchDB-Servers können Sie das Logging für Ihre Zwecke einstellen. Zum einen können Sie den Ort von *LogFile* angeben, und zum anderen können Sie den *LogLevel* bestimmen. Folgende *Loglevel* sind in CouchDB implementiert:

error
: Ausgabe von Error-Meldungen

info
: Ausgabe von Error- und Info-Meldungen

debug
: Ausgabe von Error-, Info- und Debug-Meldungen

tmi
: Ausgabe aller Events

Fehlermeldungen können verschiedene Ursachen haben. Wichtig für die Analyse sind der Zeitpunkt und der Kontext, in dem der Fehler auftritt. Beim Entwickeln mit CouchDB kommt es am häufigsten zu Fehlern, die die Integrität der Dokumente, die Syntax der Query, die Autorisierung oder den HTTP-Request an sich betreffen. Es kann allerdings auch zu Fehlermeldungen kommen, die mit der Konfiguration von CouchDB zusammenhängen oder wegen eines Fehlers in der Implementation von CouchDB hervorgerufen werden. Führen Sie im Zweifel die mitgelieferte Test-Suite aus.

Um Zeit bei der Fehlersuche zu sparen oder Fehler sogar zu verhindern, beherzigen Sie bitte folgende Hinweise für die Arbeit bzw. das Entwickeln mit CouchDB:

1. Dokumente sind immer JSON-Objekte, somit muss auch der Request-Body ein JSON-Objekt sein.
2. Stellen Sie sicher, dass Sie innerhalb einer Funktion (Map, Reduce, Show, List, Update usw.) immer nur auf Objekteigenschaften zugreifen, die an dieser Stelle auch existieren.
3. Namen von Eigenschaften und Attachments sollten nicht mit '_' beginnen. Dies bleibt internen CouchDB-Eigenschaften vorbehalten.
4. DocID und RevisionID sind Strings.

5. Beim Update sollten RevisionID und ETag gleich sein.

6. Folgen Sie bei der Fehlersuche immer zuerst den Daten, bevor Sie an der Richtigkeit Ihrer Funktion zweifeln.

7. Behalten Sie die Rechte im Auge, sowohl auf der Ebene des Systems als auch innerhalb von CouchDB.

8. Entwickeln Sie Views nie auf einem Produktivsystem.

9. Schauen Sie beim Entwickeln in die Logdatei. Die meisten Fehler werden nur hier sichtbar.

10. Wenn der Futon-WebClient sich seltsam verhält, löschen Sie zuerst die Futon-Cookies.

11. Futon arbeitet bei der Ausführung von Views im Hintergrund mit der Option *group=true*. Wenn Sie diesen Parameter bei der Implementierung vergessen, unterscheidet sich das Ergebnis unter Umständen von dem, was Sie gerade noch in Futon gesehen haben.

Auf einem Produktivsystem sollten Sie sich auf den Loglevel *error* beschränken. Eine Logdatei kann sonst schnell mehrere GByte von Ihrem System beanspruchen, und eine überlaufende Logdatei ist einer der sichersten Wege, um Ihrem Server die Arbeit schwer oder völlig unmöglich zu machen. Denken Sie daran, Ihre Logdateien regelmäßig zu leeren. In CouchDB gibt es eine *logrotate*-Konfiguration, die Ihnen die Arbeit einfacher machen dürfte.

Entwickeln mit CouchApp

CouchApp ist eine Sammlung von Skripten und einem JQuery-Plugin für Entwickler. Es ermöglicht die einfache und direkte Entwicklung von Applikationen, die als Dokument in einer CouchDB abgelegt werden. Es ist mittlerweile sehr ausgereift und wird auch produktiv eingesetzt. Außerdem unterstützen die CouchDB–Entwickler dieses Projekt selbst.

Installation von CouchApp

Mit den Python-Setup-Tools *easy_install* lässt sich CouchApp am einfachsten auf Ihrem System installieren. Unter Debian/Ubuntu können Sie Aptitude benutzen, um die Setup-Tools zu installieren. Führen Sie folgende Schritte nacheinander aus:

sudo aptitude update
sudo aptitude install python-setuptools

Sollten Sie die Setup-Tools zu einem früheren Zeitpunkt schon installiert haben, upgraden Sie sie bitte vorher:

sudo easy_install -u setuptools

Installieren Sie nun CouchApp auf Ihrem System:

sudo easy_install -U couchapp

Sobald die Installationsroutine abgeschlossen ist, steht CouchApp auf Ihrer Kommandozeile zur Verfügung.

Verwenden von CouchApp

Das Arbeiten mit CouchApp besteht aus dem Generieren der Applikation, dem Ausliefern dieser Applikation zur gewünschten CouchDB-Instanz, dem Klonen einer Applikation und dem Initialisieren einer Applikation. Die Anwendung wird immer als ein Designdokument in der jeweiligen Datenbank gespeichert. Dabei werden auch alle Abhängigkeiten wie Bilder, CSS-Dateien, HTML-Dateien und Vorlagen als Attachments hinterlegt.

Um eine Applikation zu generieren, nutzen Sie den *generate*-Befehl:

couchapp generate localtest

Deployen Sie die Applikation mit dem *push*-Befehl:

couchapp push localtest http://127.0.0.1:5984/mydb

Testen Sie die Anwendung mit folgendem Aufruf:

curl http://127.0.0.1:5984/mydb/_design/localtest/index.html

Wenn alles geklappt hat, sollten Sie die Ausgabe einer HTML-Datei sehen:

```
<!DOCTYPE html>
<html>
  <head>
    <title>Generated CouchApp</title>
    <link rel="stylesheet" href="style/main.css" type="text/css">
  </head>
  <body>
    <h1>Generated CouchApp</h1>
    <p>This is a placeholder page</p>
  </body>
  <script src="/_utils/script/json2.js"></script>
  <script src="/_utils/script/jquery.js?1.3.1"></script>
  <script src="/_utils/script/jquery.couch.js?0.9.0"></script>
</html>
```

Schauen Sie sich ruhig in dem frisch erstellten Verzeichnis *localtest* um. Hier können Sie schon einen kleinen Eindruck davon gewinnen, wie viel Arbeit Ihnen CouchApp abnimmt. Sehen Sie sich dazu das Kapitel zur Beispielanwendung an.

Werkzeuge

Für das Entwickeln von Applikationen können Sie jede IDE verwenden. Für viele Entwickler reichen dazu jedoch ein *smarter TextEditor* mit *Syntax-Highlighting*, das Kommandozeilenwerkzeug *CURL* und ein *JSON-Format- bzw. -Viewer-Werkzeug*. Wenn Sie eine Webapplikation entwickeln, die mit AJAX arbeitet, empfiehlt es sich außerdem, das Firefox-Plugin *FireBug* zu verwenden. Mit diesem Werkzeug können Sie unter anderem die HTTP-Kommunikation mit dem Server überwachen. Für die Verwendung von CouchApp steht außerdem ein Eclipse-Plugin zur Verfügung.

TIPP

Für Mac-User gibt es eine interessante Option: Für CouchDB gibt es eine *Fuse-Erweiterung* (*couchmount*), die es Ihnen erlaubt, Ihre CouchDB-Datenbank als Laufwerk zu *mounten*.

KAPITEL 5

CouchDB Server

In diesem Kapitel erfahren Sie die wichtigsten Dinge über den CouchDB-Server. Unter anderem wird es darum gehen, welche Datentypen unterstützt werden, welche Bedeutung die HTTP-Response-Codes haben und welche HTTP-Funktionen vom Server für Sie bereitgestellt werden.

Doch zuvor sollte erwähnt werden, dass CouchDB über eine Plugin-Architektur verfügt, durch die Funktionalitäten individuell hinzugefügt werden können. Die hier beschriebenen Funktionalitäten sind nur die wesentlichsten und werden mit CouchDB 0.10.0 standardmäßig mitgeliefert.

Datentypen

In CouchDB werden Dokumente und andere Daten in JSON repräsentiert. Dabei handelt es sich um ein textbasiertes Datenaustauschformat; JSON steht für JavaScript Object Notation. Es ist ein Subset von JavaScript, das eine textliche Repräsentation eines Java-Script-Objekts darstellt. Das Format wird manchmal als »fettfreies XML« bezeichnet. Natürlich ist das nicht ganz korrekt: Im Gegensatz zu JSON handelt es sich bei XML um eine Auszeichnungssprache, die in bestimmten Anwendungsdomänen ihre Berechtigung hat. In frühen Versionen von CouchDB wurde als Datenaustauschformat XML verwendet. Die Möglichkeiten von XML wurden jedoch nicht ausgeschöpft, man benötigte ja nur ein Austauschformat und keine Auszeichnungssprache. Man ging deshalb zu JSON über, da es wesentlich einfacher zu verarbeiten ist und zum anderen auch wesentlich weniger Overhead produziert. Mittlerweile gibt es zu fast allen Programmiersprachen entsprechende Bibliotheken oder Funktionen, um JSON-Strings zu serialisieren oder zu deserialisieren.

Für JSON sind folgende Datentypen definiert, wobei die Daten beliebig strukturiert und ineinander verschachtelt werden können:

boolean

> Beschreibt einen boolschen Wert (Wahrheitswert). Der Wertebereich ist mit false und true definiert, z. B. {"bool":true}.

number

> Beschreibt eine Zahl aus den Wertebereichen Integer, Real und Float, wobei die Zahl eine acht Byte lange Fließkommazahl nach IEEE-Standard ist. Der Wertebereich ist wie folgt definiert: von +/-2.2250738585072014*10^-308 bis +/-1.7976931348623157*10^308; dezimal: natürliche und rationale Zahlen, Exponentialschreibweise -> 3 4.66 3.6E-21; oktal: Ganzzahlen, Kennzeichen ist führende Null -> 023; hexadezimal: Ganzzahlen mit führendem 0X bzw. 0x -> 0xFF. Für den Typ *number* gibt es in JavaScript spezielle Werte. Diese sind Infinity (unendlich), -Infinity (unendlich klein) und NaN (Not a Number), z. B. {"num":23.856}.

string

> Eine Zeichenkette, wie sie Ihnen auch aus anderen Programmiersprachen bekannt ist, z. B. {"str": "text"}.

object

> Eine Ansammlung benannter Daten (also Eigenschaften), zu denen auch Funktionen gehören, die dann »Methoden« genannt werden. Zugriff erfolgt durch Nennung des Objektnamens, gefolgt von Punkt und Eigenschafts- oder Methodennamen oder in der Form »assoziativer Arrays«. In JSON werden Objektdefinition von geschweiften Klammern {} umgeben, z. B. so: {"obj": {"num":3,"string":"other text"}}.

array

> Hierbei handelt es sich um Datenfelder, die über natürliche Zahlen (den Index) indiziert werden, z. B. myarray[0], myarray[1]. In

JSON wird dieser Datentyp mit eckigen Klammern [] definiert, wobei die einzelnen Werte unterschiedlichen Typs sein können: {"arr":[1,"str",true]}.

null

Ein spezielles Objekt vom Typ null. Es repräsentiert Werte wie null, leer oder eine nicht existierende Referenz.

Das folgende Beispiel soll noch einmal die Struktur eines mit JSON repräsentierten Objekts veranschaulichen:

```
{
    "firstname": "Bob",
    "lastname": "Kelso",
    "age":65.46,
    "address": {
        "street": "21 2n Street",
        "city": "New York",
        "state": "NY",
        "zipcode": "10021"
    },
    "likes": null,
    "dislike": "everything",
    "ishappy": false,
    "employees": [
     "John Dorian",
     "Perry Cox",
     "Christopher Turk"
     ]
}
```

HTTP-Statuscodes

Die Kommunikation mit dem CouchDB-Server wird über das HTTP-Protokoll realisiert. Indem der Client eine Anfrage an den Server sendet, löst er eine Operation aus. Das Ergebnis dieser Operation wird an den Client zurückgegeben. Der HTTP-Standard definiert hierfür verschiedene Statuscodes. Im Folgenden werden die von CouchDB verwendeten Statuscodes und Ihre jeweilige Bedeutung im CouchDB-Kontext aufgeführt.

200 - OK

Die Anfrage wurde erfolgreich beendet.

201 - Created
Das Dokument wurde erfolgreich angelegt.

202 - Accepted
Diesen Statuscode liefert CouchDB bei Operationen zurück, die vom Server asynchron verarbeitet werden. Das ist zum Beispiel der Fall, wenn Sie Dokumente mit dem Parameter `batch=ok` speichern oder eine Compaction (Verdichtung) auslösen. Der Statuscode verrät Ihnen, dass die Anfrage vom Server entgegengenommen wurde, was aber nicht gleichbedeutend mit der Aussage ist, dass die Verarbeitung abgeschlossen wäre.

304 - Not Modified
Die angefragte Ressource hat sich seit der letzten Anfrage nicht verändert. Hierfür wird der ETag-Header von CouchDB benutzt.

400 - Bad Request
Die an CouchDB gestellte Anfrage ist ungültig.

404 - Not Found
Wenn sich die Anfrage auf ein nicht existierendes Serverobjekt bezieht, wird diese Fehlermeldung ausgegeben. Das passiert meist im Zusammenhang mit Datenbanken, Dokumenten, Anhängen oder Funktionen innerhalb von Designdokumenten.

405 - Resource Not Allowed
Wird ausgegeben, wenn sich die Anfrage auf eine ungültige URL bezieht.

409 - Conflict
Wenn Sie ein Dokument speichern wollen, bei dem die *Revision-ID* nicht mit der *RevisionID* des auf dem Server gespeicherten Dokuments übereinstimmt, gibt CouchDB diesen Statuscode zurück. Da die gemachten Änderungen nicht auf der neuesten Datenbasis beruhen, geht CouchDB von einem Konflikt aus. Das ist vor allem für die *Multi Version Concurrency Control (MVCC)* wichtig.

412 - Precondition Failed
Dieser Code wird meist dann zurückgeliefert, wenn Sie versuchen, eine Datenbank anzulegen, die schon existiert.

500 - Internal Server Error

Dieser Statuscode wird bei serverseitigen Verarbeitungsfehlern zurückgegeben. Das kann verschiedene Ursachen haben. Meist handelt es sich dabei aber um Fehler in definierten JavaScript-Routinen (Views, Update etc.) bei denen auf Eigenschaften referenziert wird, die zur Laufzeit nicht definiert sind. Bei der Suche nach einem Fehler ist es ratsam, sich die CouchDB-Logdatei */var/log/couchdb/couch.log* anzusehen. Hier erhalten Sie je nach eingestelltem *Loglevel* detailliertere Informationen.

Globale HTTP-Funktionen

CouchDB stellt über die HTTP-API verschiedene Funktionen zur Verfügung. In der Konfigurationsdatei *default.ini* werden hierzu unterschiedliche Erlang-Module registriert. Einige gehören zur Standardausstattung und sind von Anfang an mit dabei, andere können Sie nachinstallieren und damit das Verhalten von CouchDB beeinflussen. Im Folgenden werden die wichtigsten globalen HTTP-Funktionen näher beschrieben. Diese beziehen sich vor allem auf die CouchDB-Serverinstanz und bieten verschiedene Funktionen, die Sie für unterschiedliche Zwecke einsetzen können.

Serverstatus abfragen

Den Serverstatus können Sie bequem mit einer einfachen *GET-Operation* abfragen.

GET /

Damit können Sie zum Beispiel überprüfen, ob der CouchDB-Server online ist und die grundlegenden Funktionen zur Verfügung stehen. Das folgende Beispiel zeigt die Abfrage des Serverstatus eines lokalen CouchDB-Servers:

```
curl -vX GET http://127.0.0.1:5984
<
{"couchdb":"Welcome","version":"0.10.0"}
```

Ist mit dem Server grundsätzlich alles in Ordnung, erhalten Sie ein freundliches »Welcome« und die Versionsnummer des Servers.

Laufende Prozesse abfragen

Informationen über aktive Prozesse der Serverinstanz können Sie über eine GET-Anfrage auf das Modul _active_tasks erhalten.

GET /_active_tasks

Für Administratoren ist es unter anderem wichtig, Informationen darüber zu erhalten, welche Prozesse gerade aktiv sind, da es in CouchDB bestimmte Mechanismen wie die *Compaction* oder die *Replikation* gibt, die länger dauern können. Das folgende Beispiel zeigt die Abfrage bei einer laufenden *Replikation*.

```
curl -vX GET http://admin:secret@127.0.0.1:5984/_active_tasks
* Server auth using Basic with user 'admin'
> GET /_active_tasks HTTP/1.1
< HTTP/1.1 200 OK
< Content-Type: text/plain;charset=utf-8
[
    {
        "type":"Replication",
        "task":"7b9b88: http://jchrisa.net/drl/ -> dlr",
        "status":"W Processed source update #4",
        "pid":"<0.32400.969>"
    }
]
```

In diesem Beispiel wird das Blog von J. Chris Anderson zur lokalen Datenbank *dlr* repliziert. Die Antwort enthält eine Liste von laufenden Prozessen, wobei der Typ des Prozesses, die Kontextinformationen, der Status und die pid angegeben werden.

Statistiken abfragen

Informationen zu verschiedenen Metriken von CouchDB erhalten Sie über das eigens dafür entwickelte Modul _stats. Mit einer Abfrage können Sie das Ergebnis entweder auf bestimmte Metriken (Module) einschränken oder alle Statistiken abfragen.

GET /_stats

GET /_stats/MODUL

GET /_stats/MODUL/KEY

Beachten Sie, dass Sie dazu nur als Admin-Benutzer berechtigt sind. Das folgende Beispiel zeigt die Abfrage von Metriken bezüglich der *HTTP-Requests*.

```
curl -vX GET http://admin:secret@127.0.0.1:5984/_stats/httpd/
requests
* Server auth using Basic with user 'admin'
> GET /_stats/httpd/requests HTTP/1.1
< HTTP/1.1 200 OK
< Content-Type: text/plain;charset=utf-8
{
    "httpd":{
        "requests":{
            "current":910,
            "count":222108,
            "mean":0.004097105912439015,
            "min":0,
            "max":30,
            "stddev":0.2733031565562234,
            "description":"number of HTTP requests"
        }
    }
}
```

Die Antwort enthält verschiedene Angaben über die jeweilige Metrik. Dabei ist die Ausgabe für jedes gewählte Modul immer gleich. Die einzelnen Werte erklären sich wie folgt:

current

Der aktuelle Wert zum Zeitpunkt der Abfrage

max

Maximaler Wert aller erhobenen Werte für den definierten Zeitraum

min

Minimaler Wert aller erhobenen Werte für den definierten Zeitraum

mean

Durchschnittswert aller erhobenen Werte für den definierten Zeitraum

sdtdevcount
Standardabweichung für alle Werte, die im definierten Zeitraum erhoben wurden

count
Anzahl der Erhebungen für den definierten Zeitraum

description
Beschreibung der Statistik

Für den definierten Zeitraum gibt es vier fest definierte Möglichkeiten. Standardmäßig wird der Zeitraum vom Starten von CouchDB bis zum Zeitpunkt der Abfrage gewählt. Sie können den Zeitraum mit dem Parameter range auf die letzten 60, 300 oder 900 Sekunden einschränken.

Die folgende Liste gibt Ihnen Auskunft über die derzeit unterstützten Module und ihre Bedeutung.

/_stats/couchdb/database_changes
Gibt Auskunft darüber, wie oft eine Datenbank geändert wurde.

/_stats/couchdb/database_reads
Gibt Auskunft darüber, wie oft Dokumente von einer Datenbank gelesen wurden.

/_stats/couchdb/open_databases
Anzahl der geöffneten Datenbanken

/_stats/couchdb/os_files_open
Anzahl der Dateien, die von CouchDB derzeit geöffnet sind

/_stats/couchdb/request_time
Dauer einer Anfrage innerhalb von CouchDB (ohne Mochi-Web)

/_stats/httpd/bulk_requests
Anzahl der Bulk-Anfragen

/_stats/httpd/requests
Anzahl der HTTP-Requests

/_stats/httpd/temporary_view_reads
Anzahl der Zugriffe auf temporäre Views

/_stats/httpd/view_reads
> Anzahl der Zugriffe auf Views

/_stats/httpd_request_methods/METHODE
> Gibt die Anzahl der Anfragen für die jeweils übergebene HTTP-Methode zurück. Derzeit werden die Methoden *COPY*, *DELETE*, *GET*, *HEAD*, *MOVE*, *POST* und *PUT* unterstützt.

/_stats/httpd_status_codes/CODE
> Gibt die Anzahl der Antworten für den jeweils übergebenen HTTP-Code zurück. Derzeit werden die Codes *200*, *201*, *202*, *301*, *304*, *400*, *401*, *403*, *404*, *405*, *409*, *412* und *500* unterstützt.

Logeinträge abfragen

Einträge in der Logdatei */var/log/couchdb/couch.log* können Sie über die HTTP-API über eine *GET-Operation* auf das Modul *_log* abfragen.

GET /_log

Für den Aufruf stehen Ihnen folgende Parameter zur Verfügung:

bytes
> Anzahl der zu lesenden Bytes. Damit können Sie genau bestimmen, wie viel Sie von der Logdatei abfragen wollen.

offset
> Anzahl der Bytes, die beim Lesen übersprungen werden sollen

Das folgende Beispiel zeigt einen 1.024 Byte großen Auszug aus der Logdatei, wobei die ersten 2.048 Bytes übersprungen werden:

```
curl -vX GET http://admin:secret@127.0.0.1:5984/_
log?bytes=1024&offset=2048
* Server auth using Basic with user 'admin'
> GET /_log?bytes=1024 HTTP/1.1
< HTTP/1.1 200 OK
< Transfer-Encoding: chunked
< Content-Type: text/plain; charset=utf-8
<
0.1 - - 'GET' /reveal/ 500
```

```
[Tue, 02 Mar 2010 15:57:24 GMT] [info] [<0.100.0>] 127.0.0.1 -
- 'GET' /reptest/ 500
[Tue, 02 Mar 2010 15:57:24 GMT] [info] [<0.102.0>] 127.0.0.1 -
- 'GET' /mydb_other/ 500
[Tue, 02 Mar 2010 15:57:24 GMT] [info] [<0.101.0>] 127.0.0.1 -
- 'GET' /mydb/ 500
[Tue, 02 Mar 2010 15:57:24 GMT] [info] [<0.98.0>] 127.0.0.1 - -
'GET' /todoapp_2/ 200
[Tue, 02 Mar 2010 15:57:24 GMT] [info] [<0.99.0>] 127.0.0.1 - -
'GET' /xplan/ 200
[Tue, 02 Mar 2010 15:57:24 GMT] [info] [<0.62.0>] 127.0.0.1 - -
'GET' /users/ 200
[Tue, 02 Mar 2010 15:57:26 GMT] [info] [<0.100.0>] 127.0.0.1 -
- 'GET' /favicon.ico 200
[Tue, 02 Mar 2010 15:58:07 GMT] [info] [<0.103.0>] 127.0.0.1 -
- 'GET' _log?bytes=1024 200
[Tue, 02 Mar 2010 15:58:12 GMT] [info] [<0.311.0>] 127.0.0.1 -
- 'GET' _log?bytes=1024 200
[Tue, 02 Mar 2010 15:58:14 GMT] [info] [<0.318.0>] 127.0.0.1 -
- 'GET' _log?bytes=1024 200
[Tue, 02 Mar 2010 15:58:15 GMT] [info] [<0.322.0>] 127.0.0.1 -
- 'GET' _log?bytes=1024 200
```

Beachten Sie, dass die Antwort in diesem Fall kein JSON-String ist: Es handelt sich vielmehr um einen wirklichen Auszug aus der textbasierten Logdatei.

Neustarten

Den CouchDB-Serverprozess können Sie über die HTTP-API neu starten. Einen Neustart führen Sie über eine POST-Anfrage auf das Modul _restart aus.

POST /_restart

Beachten Sie, dass diese Funktion nur Admin-Benutzern zur Verfügung steht. Das folgende Beispiel führt einen Neustart eines durch Admin-Accounts gesicherten CouchDB-Servers aus:

```
curl -vX POST http://admin:secret@127.0.0.1:5984/_restart
* Server auth using Basic with user 'admin'
> POST /_restart HTTP/1.1
< HTTP/1.1 200 OK
< Content-Type: text/plain;charset=utf-8
{"ok":true}
```

Konfiguration lesen

Als Admin-Benutzer können Sie die Konfiguration eines CouchDB-Servers über die HTTP-API auslesen. Dabei können Sie entweder die gesamte Konfiguration oder nur bestimmte Teile der Konfiguration abfragen. Die Anfrage wird über eine GET-Methode auf das Modul _config ausgeführt.

GET /_config
GET /_config/SEKTION
GET /_config/SEKTION/KEY

Das folgende Beispiel zeigt, wie der *port* in der Sektion *httpd* ausgelesen wird. Beachten Sie, dass hier nur der entsprechende Wert zurückgegeben wird.

```
curl -vX GET http://admin:secret@127.0.0.1:5984/_config/httpd/port
* Server auth using Basic with user 'admin'
> GET /_config/httpd/port HTTP/1.1
< HTTP/1.1 200 OK
< Content-Type: text/plain;charset=utf-8
"5984"
```

Um einen Überblick über die Sektionen und einzelnen Werte zu erhalten, die Sie mit dem Modul _config abfragen können, sehen Sie sich bitte das Kapitel zur Konfiguration an. Alternativ können Sie auch einen Blick in die Konfigurationsdateien */etc/couchdb/default.ini* und */etc/couchdb/local.ini* werfen.

Konfiguration schreiben

Über das Modul _config können Sie direkt in die Konfigurationsdatei */etc/couchdb/local.ini* schreiben. Das passiert über einen *PUT*-Befehl auf das Modul _config.

PUT /_config
PUT /_config/SEKTION
PUT /_config/SEKTION/KEY

Entscheidend dabei ist die richtige Adressierung. Sie funktioniert nach demselben Prinzip wie das Abfragen von Konfigurationseinstellungen. Sie übergeben die entsprechende *Sektion* und den *Key* des zu schreibenden Werts. Das folgende Beispiel fügt der Sektion *admins* einen neuen Benutzer hinzu.

```
curl -vX PUT http://admin:secret@127.0.0.1:5984/_config/admins/
perry -d '"password"'
* Server auth using Basic with user 'admin'
> PUT /_config/admins/perry HTTP/1.1
< HTTP/1.1 200 OK
< Content-Type: text/plain;charset=utf-8
""
```

Wenn Sie nach dem Ausführen dieser Anfrage einen Blick in die Datei *local.ini* werfen, finden Sie den neuen Eintrag in der *[admins]*-Sektion. Beachten Sie das automatisch verschlüsselte Passwort.

```
[admins]
admin = -hashed-
a3a8e6ad43c2dc0b534631a1bc80fc47304451fe,c9ecf95168936ed1359fd5
063bfce964

perry = -hashed-
03b97f4a46c16a5c0cb488b1116259032b36ceaa,9745c3124a94f928e94721
9f70c1b35c
```

UUIDs generieren

Es gibt Situationen, in denen Sie eine *UUID* in Ihrer Applikation benötigen und die jeweilige Umgebung nicht in der Lage ist, eine solche zu erzeugen. Das ist zum Beispiel in Browsern der Fall. Das Modul *_uuids* bietet Ihnen die Möglichkeit, serverseitig *UUIDs* zu generieren. Um eine Liste von generierten *UUIDs* zu erhalten, brauchen Sie nur eine entsprechende *GET*-Anfrage auf die URL des Moduls auszuführen:

GET /_uuids
GET /_uuids?count=quantity

Mit dem Parameter count können Sie die Anzahl zu generierender *UUIDs* festlegen. Das folgende Beispiel fragt zehn vom Server generierte *UUIDs* ab.

```
curl -vX GET http://127.0.0.1:5984/_uuids?count=10
* Server auth using Basic with user 'admin'
> GET /_uuids?count=10 HTTP/1.1
>
< HTTP/1.1 200 OK
< ETag: "BU7T6WYHV8JNC0794QSTQXNAY"
< Content-Type: text/plain;charset=utf-8
{
    "uuids":[
        "b658cba2bfdaef616d3a6090ffd88f77",
        "a19cfd5fb9b3bcab44c2799d318631a3",
        "bfb7199722d516049807bdb9a03bbf43",
        "c6b0979e986dcec723856fa438079fc1",
        "2ac9e585cc9b3a3c7050c6b3fff305db",
        "acf9bb477a8b088954e27a35486322d3",
        "12da5cfe0ca4da330eb487bb117ba1bc",
        "609e8cd4c6adc909407177fc22a65037",
        "9c461c312b2ea77a575699eab8fb772d",
        "d017851cff68cea6416165799d7cb456"
    ]
}
```

Sie können den *UUID-Algorithmus* in der Sektion *uuids* konfigurieren. Dabei können Sie zwischen den Werten random, utc_random und sequential wählen.

Benutzeroberfläche

Zu CouchDB gehört eine Benutzeroberfläche, mit der Sie die wichtigsten Verwaltungsaufgaben durchführen können. Das Werkzeug wird, passend zum restlichen Couch-Universum, »Futon« genannt. Es steht Ihnen nach erfolgreicher Installation von CouchDB unter dieser URL zur Verfügung:

http://127.0.0.1:5984/_utils/

Die Benutzeroberfläche besteht aus verschiedenen Modulen, die auf der rechten Seite aufgelistet sind. Im Folgenden werden diese knapp beschrieben.

Overview

> Mit diesem Modul können Sie Datenbank und Dokumente verwalten. Sie haben unter anderem die Möglichkeit, Views in Form von temporären Views zu testen. Sie haben so auch direkten Zugriff auf die Daten in der Datenbank.

Configuration

> Unter diesem Punkt können Sie die aktive Konfiguration einsehen und bearbeiten.

Replicator

> Mit diesem Werkzeug können Sie PUSH- und PULL-Replikationen durchführen.

Status

> In diesem Modul werden alle aktiven Prozesse angezeigt.

TestSuite

> Unter diesem Punkt können Sie die von CouchDB mitgelieferte Test-Suite ausführen.

Zu Futon bleibt nur noch zu sagen, dass Ihnen damit eine wirklich komfortable Oberfläche für das Verwalten Ihres CouchDB-Servers zur Verfügung steht. Futon wird ständig verbessert und gehört mit in die CouchDB-Entwicklung. Mit jeder neuen Version von CouchDB sind auch in Futon Verbesserungen zu erwarten. Sie haben natürlich die Möglichkeit, Futon für Ihre Zwecke anzupassen und zu erweitern.

JavaScript-Funktionen

In CouchDB finden einige JavaScript-Funktionen Anwendung. Gerade in View-Funktionen ist die Unterstützung von externen Skripten stark eingeschränkt. Views werden in einer sogenannten Sandbox ausgeführt, einem Objekt, dem die Methoden vorgegeben werden. Im Folgenden werden diese Funktionen kurz vorgestellt.

string toJSON(object)

Diese Funktion ist überall verfügbar und wandelt ein Objekt in einen JSON-String um, z.B. so:

```
function(head, req){
  var row;
  while(row = getRow()) {
    send(toJSON(row.value));
  }
}
```

void log(message)

Diese Funktion ist überall verfügbar. Damit können Sie Logeinträge vornehmen. Der Parameter message kann dabei jeder Typ sein. Wenn der Parameter message kein String ist, wird der übergebene Wert intern in ein JSON-String umgewandelt, z. B. so:

```
function(doc) {
  if (doc._attachments) {
    emit(doc._id, null);
  }
  else {
    log("There are no attachments for the document:"+doc._id);
  }
}
```

Der entsprechende Logeintrag wird in der Datei */var/log/couchdb/ couch.log* –angelegt, z. B. so:

```
[Thu, 03 Dec 2009 22:46:36 GMT] [info] [<0.62.0>] There are noe
attachments for the document: 123
```

void emit (key, value)

Diese Funktion wird innerhalb der Map-Funktion eines View verwendet. Dabei wird der Wert value, der ein beliebiges Objekt sein kann, unter dem Schlüssel key in die Ergebnisliste eingetragen. Dabei kann der Schlüssel auch einen komplexen Wert wie ein Objekt oder ein Array annehmen. Diese Funktion kann in einer Map-Funktion öfter verwendet werden, um mehrere Einträge in der Ergebnisliste vorzunehmen.

```
function(doc) {
  if (doc._attachments) {
    emit(doc._id, null);
  }
}
```

value sum (values)

Diese Funktion wird meist in Reduce-Funktionen verwendet. Der
Parameter values ist hier ein Array mit summierbaren Werten. Das
Ergebnis dieser Funktion ist die Summe aller Werte des übergebe-
nen Array (z.B. [1,2,3,4,5] -> 15). Beispiel:

```
function(keys, values) {
  return sum(values);
}
```

void start (object)

Die Funktion start() wird innerhalb von List-Funktionen verwendet. Sie sendet Header-Informationen der Antwort. Mit den Eigenschaften code und headers können Sie Header-Informationen für
Ihre Antwort bestimmen, z.B. so:

```
function(head, req) {
  start({"code": 302, "headers": {"Location": "/"}});
}
```

object getRow ()

Diese Funktion wird innerhalb von List-Funktionen verwendet. Sie
funktioniert ähnlich wie ein Iterator, bei dem die einzelnen Zeilen
eines Ergebnisses durchlaufen werden. So erhalten Sie beim ersten
Aufruf dieser Methode die erste Zeile, beim zweiten die zweite und
so weiter. Oft wird diese Funktion in einer While-Schleife verwendet. Der Rückgabewert dieser Funktion entspricht dem jeweiligen
Eintrag in der Ergebnisliste. Der Eintrag ist so strukturiert:

```
{
  "id":"02749279e56fa7a055890d921b115254",
  "key":"eintrag1",
  "value":{
    "user":"bob",
    "subject":"new task"
  }
}
```

Der key ist der verwendete Schlüssel in der Ergebnisliste, die id gibt die *DocID* des Dokuments an, von dem aus dieser Eintrag erzeugt wurde. Unter value finden Sie den eingetragenen Wert aus der Ergebnisliste.

```
function(head, req){
  var row;
  while(row = getRow()) {
    send(row.value);
  }
}
```

void send (object)

Die Funktion send() wird in einer List-Funktion verwendet und sendet HTTP-Chunks an den Client. Sie wird meist dazu verwendet, den Body der Antwort zu senden. Sie können diese Funktion zeilenweise aufrufen.

```
function(head, req){
  var row;
  while(row = getRow()) {
    send(row.value);
  }
}
```

void provides (format, function)

Diese Funktion wird in Show- und List-Funktionen verwendet. Mit ihr definieren Sie verschiedene Ausgabeformate. Der Parameter format gibt für das gewünschte Format den mit registerType definierten Schlüssel an. Der Parameter function ist der jeweilige Funktionsaufruf für das gewählte Format.

```
function(doc, req) {
  provides("html", function() {
    return "<b>+doc.title+</b>";
  });
  provides("xml", function() {
    return "<text>doc.title</text>";
  });
}
```

void registerType (key, mime1, mime2 ...)

Diese Funktion registriert einen *Mime-Type*, der mit provides abgerufen wird. Der Parameter key gibt den Schlüssel an, unter dem der jeweilige *Mime-Type* registriert werden soll. Alle weiteren Parameter geben den entsprechenden *Mime-Type* an.

```
registerType("all", "*/*");
registerType("text", "text/plain; charset=utf-8", "txt");
registerType("html", "text/html; charset=utf-8");
```

KAPITEL 6

Datenbanken

In diesem Kapitel erfahren Sie, wie Datenbanken in CouchDB organisiert werden. Lesen Sie, wie Sie Datenbanken verwalten und replizieren können. Erfahren Sie außerdem, wie CouchDB Aktualisierungen in der Datenbankdatei vornimmt und wie Sie die Datei klein halten können. In einem weiteren Abschnitt können Sie sich über das Entstehen von Konflikten und ihre Behandlung informieren.

Benennung und Zugriff

Der Datenbankname in CouchDB ist auf Kleinbuchstaben (a-z), Zahlen (0-9) sowie die Zeichen _$()+-/ beschränkt und muss mit einem Slash in der URL enden. Beginnen sollte der Name allerdings nur mit Kleinbuchstaben. Folgende Beispiele zeigen zulässige Datenbanknamen:

GET /datenbankname/
GET /eins/zwei/
GET /eins/anderer_datenbank_name(1)/

Großbuchstaben sind für Datenbanknamen hingegen nicht erlaubt. Folgende Beispiele sind unzulässige Datenbanknamen:

GET /DATENBANKNAME/ (invalid)
GET /DatenBankName/ (invalid)
GET /datenbankName/ (invalid)

Wenn ein Schrägstrich (/) im Datenbanknamen verwendet wird, muss er entsprechend encodiert werden, wenn er in einer URL verwendet wird. Wenn zum Beispiel der Datenbankname *eins/zwei* lautet, wird die Datenbank unter folgender URL verfügbar sein:

http://localhost:5984/eins%2Fzwei

Da der Datenbankname für das Speichern der Datenbankdatei im Dateisystem verwendet wird, gelten die genannten Beschränkungen. Sie sollten sich bewusst machen, dass es Dateisysteme gibt, die keinen Unterschied zwischen Groß- und Kleinschreibung kennen. Somit bildet die Beschränkung auf Kleinbuchstaben den kleinsten gemeinsamen Nenner. Alle Datenbankdateien werden in einem einzigen Ordner gespeichert. Für gewöhnlich liegen sie unter */var/lib/couchdb/*. Ein *Schrägstrich* (/) im Datenbanknamen würde ein entsprechendes Unterverzeichnis erzeugen. Somit würde die Datenbankdatei für das eben gewählte Beispiel unter */var/lib/couchdb/eins/zwei.couch* angelegt. Sie können damit die Anzahl der Dateien in einem Verzeichnis verkleinern.

Datenbanken auflisten

Eine Liste der Datenbanken erhalten Sie über die Funktion *_all_dbs*. Diese führen Sie mit einer *GET*-Operation auf die URL des Servers aus.

GET /_all_dbs

Das folgende Beispiel listet vier auf dem Server befindliche Datenbanken auf:

```
curl -vX GET http://127.0.0.1:5984/_all_dbs
> GET /_all_dbs HTTP/1.1
< HTTP/1.1 200 OK
< Content-Type: text/plain;charset=utf-8
[
    "datenbank_eins",
    "datenbank_zwei",
    "eins/zwei",
    "todoapp"
]
```

Datenbankdetails

Detaillierte Informationen zu einer ausgewählten Datenbank erhalten Sie, indem Sie eine einfache *GET*-Operation auf die URL der betreffenden Datenbank ausführen.

GET /dbname

Das folgende Beispiel lädt Detailinformationen zu der in der Beispielanwendung verwendeten Datenbank:

```
curl -vX GET http://127.0.0.1:5984/todoapp
> GET /todoapp HTTP/1.1
< HTTP/1.1 200 OK
< Content-Type: text/plain;charset=utf-8
{
    "db_name":"todoapp",
    "doc_count":10,
    "doc_del_count":7,
    "update_seq":33,
    "purge_seq":0,
    "compact_running":false,
    "disk_size":168025,
    "instance_start_time":"1264864491256350",
    "disk_format_version":4
}
```

Im Folgenden werden die vom Server übermittelten Angaben zur Datenbank und ihre Bedeutung aufgeführt. Diese Angaben erhalten Sie nicht nur über die beschriebene Methode, sondern auch an anderen Stellen, z.B. im *Request-Objekt* (siehe Kapitel 9, *Transformationsfunktionen*):

db_name
   Gibt den Namen der jeweiligen Datenbank an.

doc_count
   Gibt die Anzahl der in der Datenbank gespeicherten Dokumente an.

doc_del_count
   Gibt die Anzahl der bisher gelöschten Dokumente an.

update_seq
> Gibt den *Sequenzindex* der bisher durchgeführten Änderungen an.

purge_seq
> Gibt die aktuelle Anzahl (Sequenz) der durchgeführten *_purge-Requests* an.

compact_running
> Gibt an, ob die Datenbank gerade verdichtet wird oder nicht.

disk_size-
> Aktuell verwendeter Speicherplatz in Bytes

instant_start_time
> Startzeit des CouchDB-Servers in Millisekunden

disk_format_version
> Gibt die aktuelle *DiskVersion* an; das ist eine Art Versionsnummer des Speicherformats, mit der CouchDB alte von neueren Datenbankdateien unterscheiden kann.

Datenbank anlegen

Eine neue Datenbank wird mit einem PUT-Befehl auf die URL der anzulegenden Datenbank erzeugt.

PUT /dbname

Bei erfolgreicher Ausführung sendet der Server einen *HTTP-Status 201 Created* und liefert ein trockenes ok:true zurück. Sollte die Datenbank schon existieren, erhalten Sie hingegen eine entsprechende Fehlermeldung im Zusammenhang mit dem *HTTP-Status 412*. Das folgende Beispiel zeigt das Anlegen einer Datenbank:

```
curl -vX PUT http://admin:secret@127.0.0.1:5984/meine_datenbank
* Server auth using Basic with user 'admin'
> PUT /meine_datenbank HTTP/1.1
< HTTP/1.1 201 Created
< Location: http://127.0.0.1:5984/meine_datenbank
< Content-Type: text/plain;charset=utf-8
{"ok":true}
```

Datenbank löschen

Gelöscht werden Datenbanken mit einer *DELETE*-Operation auf die URL der jeweiligen Datenbank.

DELETE /dbname

Im Erfolgsfall erhalten Sie vom Server einen *HTTP-Status 200* zurück; sollte die Datenbank hingegen nicht existieren, erhalten Sie einen *404-Fehler*. In diesem Beispiel wird die Datenbank *meine_datenbank* gelöscht:

```
curl -vX DELETE http://admin:secret@127.0.0.1:5984/meine_
datenbank
* Server auth using Basic with user 'admin'
> DELETE /meine_datenbank HTTP/1.1
< HTTP/1.1 200 OK
< Content-Type: text/plain;charset=utf-8
{"ok":true}
```

Datenbanken umbenennen

Das Umbenennen einer Datenbank ist verblüffend einfach. Genau an dieser Stelle werden Sie für die Einschränkungen bei Datenbanknamen entlohnt: Die Datenbank hat immer den Namen der Datenbankdatei. Somit können Sie eine Datenbank umbenennen, indem Sie ihre Datenbankdatei unter

/var/lib/couchdb/mydb.couch

einfach umbennen.

/var/lib/couchdb/mydb_othername.couch

Erreichbar wäre Ihre Datenbank direkt nach dem Umbenennen unter der neuen URL

GET /mydb_othername

Denselben Mechanismus können Sie verwenden, um Datenbanken auf Ihrem lokalen System zu duplizieren.

Backup

Datenbankdateien lassen sich wie normale Dateien sichern. Dabei gibt es keine internen Abhängigkeiten, die Sie bedenken müssten. Die Datenbankdateien von CouchDB sind immer konsistent. Sie können also auch eine Datenbank mit einem Kopierbefehl sichern, auch wenn diese gerade beschrieben wird. Bei großen Datenbanken können Sie die Datenbankdatei als Erstes kopieren und anschließend eine Replikation durchführen, um die letzten Änderungen seit dem Kopieren zu übernehmen. Es ist außerdem möglich, Features wie Snapshots von modernen Dateisystemen wie dem ZFS zu nutzen.

Änderungen anzeigen

Änderungen werden in CouchDB immer im Zusammenhang mit einer Sequenznummer gespeichert. Die Funktion _changes gibt Ihnen die Möglichkeit, alle Änderungen bezüglich der Datenbank nachzuvollziehen. Diese führen Sie mit einer GET-Operation auf die URL der betreffenden Datenbank aus.

GET /dbname/_changes

Die Ausgabe und das Verhalten der Funktion können mit folgenden Parametern beeinflusst werden:

since=seqnum
: Damit können Sie ein *Offset* für die angezeigten Änderungen angeben. Dabei werden alle Änderungen ausgegeben, die nach der übergebenen *Sequenznummer* erfolgt sind.

feed=normal|longpoll|continious (default=normal)
: Damit bestimmen Sie das Ausgabeverhalten der Funktion. Während mit dem Modus normal die Änderungen angezeigt werden und die Anfrage damit auch beendet wird, können Sie mit dem Modus longpoll über einen längeren Zeitraum abwarten, bis eine Änderung passiert. Sobald eine Änderung vorgenommen wurde, wird die Antwort gesendet und die Anfrage beendet. Die Antwort ist bei beiden Modi gleich strukturiert. Verwenden Sie den Modus continuous, wird die Verbindung

aufrechterhalten, bis sie explizit geschlossen wird. Alle Änderungen werden dabei sofort als Teil der Antwort gesendet.

heartbeat = millisekunden, default=60000

Diese Option steht Ihnen nur in Verbindung mit longpoll und continuous zur Verfügung. Hier geben Sie den Intervall an, nach dem eine leere Zeile als Ergebnis gesendet wird. Diese Option überschreibt jede Timeout-Angabe.

timeout = millisekunden, default= 60000.

Diese Option steht Ihnen nur in Verbindung mit longpoll und continuous zur Verfügung. Hier geben Sie die Zeit in Millisekunden an, bis eine eine Antwort gesendet wird. Dabei ist es egal, ob die Antwort leer ist oder nicht.

style =main_only

Der Style gibt die Art der Ausgabe an. Der Modus main_only ist dabei das Standardverhalten. Um zusätzliche Informationen zu Revisionen und Konflikten zu erhalten, verwenden Sie den Modus all_docs.

Das folgende Beispiel zeigt die Ausgabe mit der Einstellung feed=normal und einem mit since angegebenen *Offset*:

```
curl -vX GET http://127.0.0.1:5984/todoapp/_changes?since=25
> GET /todoapp/_changes?since=25 HTTP/1.1
< HTTP/1.1 200 OK
< Transfer-Encoding: chunked
< Content-Type: text/plain;charset=utf-8
<
{
    "results":[
        {
            "seq":26,
            "id":"ab3c5257d9d3600acd46e420cb558eaf",
            "changes":[
                {
                    "rev":"2-b268413a85d3a8273530e89f3be6e974"
                }
            ],
            "deleted":true
        },
        {
            "seq":27,
```

```
            "id":"f89d3ba3de50a70ce9c20839605994a3",
            "changes":[
               {
                  "rev":"2-95fea5d55cd356e8eb89f6590bf015f3"
               }
            ],
            "deleted":true
         },
         {
            "seq":28,
            "id":"d0ef34aa5a30761fe16b3378d70323cb",
            "changes":[
               {
                  "rev":"2-a1e66bac54c2e718c844a96ffec9fd65"
               }
            ],
            "deleted":true
         },
         {
            "seq":29,
            "id":"e94c8f8b59d8caa44ed291e51f02fc26",
            "changes":[
               {
                  "rev":"2-36ba3adf25a4bdcc963dc3745fc60972"
               }
            ],
            "deleted":true
         },
         {
            "seq":33,
            "id":"836658709e3b1108f1e1376f3997a8b1",
            "changes":[
               {
                  "rev":"6-411b1e4df63d4f1d4bc65ad215516eac"
               }
            ]
         }
      ],
      "last_seq":33
   }
```

Mit der Einstellung feed=continuous können Sie eine Datenbank
fortlaufend auf Änderungen überwachen. Das folgende Beispiel
zeigt dieses Verhalten.

```
curl -vX GET http://127.0.0.1:5984/todoapp/_
changes?feed=continuous
> GET /todoapp/_changes?feed=continuous HTTP/1.1
< HTTP/1.1 200 OK
< Transfer-Encoding: chunked
< Content-Type: text/plain;charset=utf-8

{
   "seq":29,
   "id":"e94c8f8b59d8caa44ed291e51f02fc26",
   "changes":[
      {
         "rev":"2-36ba3adf25a4bdcc963dc3745fc60972"
      }
   ],
   "deleted":true
},
{
   "seq":33,
   "id":"836658709e3b1108f1e1376f3997a8b1",
   "changes":[
      {
         "rev":"6-411b1e4df63d4f1d4bc65ad215516eac"
      }
   ]
}


...warte...auf...Änderungen....

{
   "seq":34,
   "id":"836658709e3b1108f1e1376f3997a8b1",
   "changes":[
      {
         "rev":"7-b1a45d0717e877caf4755b806d940598"
      }
   ]
}

...warte...auf...Änderungen
```

```
{
    "seq":35,
    "id":"c253e3de9fd7e45e8fc7b3c13810d357",
    "changes":[
        {
            "rev":"2-503a85226b73a2c1b4e49ed0b6030e0b"
        }
    ],
    "deleted":true
}
```

Compaction (Verdichtung)

Da CouchDB einen *Append-Only B-Tree* implementiert hat und somit Änderungen an Datensätzen immer nur an den B-Tree (binärer Suchbaum) angehängt werden, ist CouchDB relativ speicherintensiv. Die Vorteile eines solchen Vorgehens liegen auf der Hand: CouchDB verhält sich ähnlich wie eine Logdatei, bei der Änderungen immer nur hinten angehängt werden. Der Server muss also bei Änderungen nicht erst die richtige Stelle in der Datei suchen und dann ändern oder ggf. andere Daten umschichten. Deswegen gibt es auch keinen Shutdown-Befehl für CouchDB. Sie werden somit auch nicht erleben, dass Sie ein Wochenende damit verbringen müssen, irgendwelche *ISAM-Checks* zu machen oder eine Tabelle zu reparieren. Jedoch hat das auch zur Folge, dass die Datenbanken bisweilen relativ groß werden. Um dem entgegenzuwirken, gibt es die Funktion _compact. Sie schreibt die Datenbankdatei neu und entfernt dabei alte Dokumentversionen und gelöschte Dokumente, weswegen man hier von einer Art »Verdichtung« spricht. Dieser Prozess wird nicht automatisch ausgeführt, sondern muss manuell gestartet werden. Das können Sie über einen POST-Befehl auf die URL der betreffenden Datenbank tun.

POST /dbname/_compact

Im Folgenden sehen Sie ein kurzes Beispiel dafür. Ausgangspunkt ist eine noch nicht verdichtete Datenbank. Da die Datenbank eine mit CouchApp entwickelte Applikation enthält und durch das ständige Deployen der Anwendungen immer wieder neue Versionen des Designdokuments erzeugt wurden, bietet dies Datenbank ein repräsentatives Verdichtungspotenzial. Das Info-Objekt zur Datenbank enthält vor der Verdichtung folgende Werte:

```
{
    "db_name":"xplan",
    "doc_count":22,
    "doc_del_count":34,
    "update_seq":371,
    "purge_seq":0,
    "compact_running":false,
    "disk_size":230490208,
    "instance_start_time":"1267475369486876",
    "disk_format_version":4
}
```

Die Ausgangsgröße beläuft sich umgerechnet auf etwa *219,8 MByte*. Es folgt die besprochene Verdichtung über die *Funktion _compact*:

```
curl -vX POST http://127.0.0.1:5984/xplan/_compact
> POST /xplan/_compact HTTP/1.1
< HTTP/1.1 202 Accepted
< Content-Type: text/plain;charset=utf-8
{"ok":true}
```

Nach dem Verdichtungsprozess erhalten wir folgende Werte innerhalb des Info-Objekts zur Datenbank:

```
{
    "db_name":"xplan",
    "doc_count":22,
    "doc_del_count":34,
    "update_seq":371,
    "purge_seq":0,
    "compact_running":false,
    "disk_size":4370524,
    "instance_start_time":"1267487316454513",
    "disk_format_version":4
}
```

Im Gegensatz zu *219,8 MByte* vorher benötigt die Datenbank nach der Verdichtung nur noch etwa *4,2 MByte*. Der Prozess kann bei größeren Datenbanken einige Zeit und Systemressourcen in Anspruch nehmen. Während dieser Prozess läuft, ist die Eigenschaft compact_running innerhalb des Info-Objekts gleich true. Außerdem taucht dieser Prozess auch in den *_active_tasks* auf.

ACHTUNG

Es ist keine gute Idee, die Verdichtung auf einem Datenbank-Node zu starten, dessen Kapazität für Schreibzugriffe nahezu ausgeschöpft ist. Der Verdichtungsprozess würde nie aktuelle Schreibzugriffe berücksichtigen, und damit wäre der Prozess längst nicht so effektiv, wie er sein könnte. Das könnte wiederum dazu führen, dass die Datenbankdatei trotz Verdichtung immer größer würde und somit eventuell zu wenig Platz auf Ihrem Speichersystem bliebe. Daher sollte der Prozess nur gestartet werden, wenn die Schreibzugriffe unter der eigentlichen Maximalkapazität liegen. Für die Entwickler von CouchDB war es sehr wichtig, die Auswirkungen solcher Managementvorgänge für den Benutzer der Datenbank so gering wie möglich zu halten. Sie strebten an, dass die Datenbank jederzeit online und für Benutzer voll funktionsfähig sein sollte. Wenn Sie den Verdichtungsprozess mit einem *Cron-Job* oder Ähnlichem starten, ist es also sinnvoll, diesen auf eine Zeit zu legen, in der am wenigsten auf dem Server passiert, zum Beispiel nachts. Noch besser ist es in einer Cluster-Umgebung: Dort können Sie für den einzelnen Node die Schreibzugriffe abschalten, während der Verdichtungsprozess läuft. Durch eine nachgelagerte Replikation würden die Änderungen, die auf anderen Nodes unterdessen vorgenommen wurden, dann wieder übertragen werden.

Replikation

Die Replikation mit CouchDB erfolgt unidirektional und bezieht sich immer auf zwei Datenbanken. Dabei wird von einer Quelldatenbank zu einer Zieldatenbank repliziert. Ziel der Replikation ist es, alle aktiven Dokumente vom Quellsystem auf das Zielsystem zu übertagen und natürlich eine Form von Löschweitergabe durchzuführen. Während der Replikation werden nur die aktuellen Revisionen der Dokumente übernommen. Veraltete Revision werden nicht mitkopiert und bleiben nur auf dem Quellsystem verfügbar. Änderungen an einem Quellsystem werden nicht automatisch auf die Zielsysteme übertragen. Der Replikationsprozess muss manuell gestartet werden.

Für die Replikation wird die beschriebene API _changes verwendet. Bei einer Replikation werden beide Datenbanken miteinander verglichen. Danach wird das ensprechende Delta von der Quelldatenbank zur Zieldatenbank übertragen. Für diesen Vergleich arbeitet CouchDB mit der Sequenznummer.

TIPP

In CouchDB hat jede Datenbank eine Sequenznummer, die Sie sich als eine Art Versionsnummer der Datenbank vorstellen können. Bei einer Änderung an der Datenbank wird die Sequenznummer um 1 erweitert (+1). Zusammen mit der Sequenznummer werden die jeweiligen Änderungen in der Datenbank gespeichert. Die Unterschiede zwischen zwei Datenbanken lassen sich somit sehr schnell ermitteln.

Der Replikationsprozess wird durch einen POST-Befehl ausgelöst. Dabei muss ein JSON-Objekt übertragen werden, das mindestens die Eigenschaften source und target definiert. Ziel und Quelle können dabei lokale oder entfernte Datenbanken sein. Wenn eine der beiden Instanzen durch einen Admin-Account gesichert ist, denken Sie daran, die zugehörigen Zugangsdaten mit anzugeben. Ansonsten kann durchaus vorkommen, dass Designdokumente nicht mitübetragen werden. Im beschriebenen JSON-Objekt können Sie folgende Parameter für die Replikation setzen:

source
Name bzw. URL der Quelldatenbank

target
Name bzw. URL der Zieldatenbank

create_target - true/false
Ab CouchDB 0.11.0 können Sie mit diesem Parameter bestimmen, ob die Zieldatenbank angelegt werden soll oder nicht, sofern Sie noch nicht existieren sollte.

continuous- true/false
Dieser Parameter funktioniert konzeptionell genau wie der Modus continuous der API _changes. Bei jeder Änderung an der Quelldatenbank wird der Replikationsmechanismus ausge-

führt. Hier bedient sich CouchDB der internen API *_changes*, wie es oben beschrieben wurde. Nach dem Neustart des Servers wird diese Einstellung jedoch wieder zurückgesetzt. Sollten Sie also eine fortwährende Replikation in Ihrer Applikation benötigen, müssen Sie nach dem Neustart eines Servers diesen Befehl erneut ausführen.

TIPP

Man unterscheidet zwischen *PUSH*- und *PULL*-Replikation. Wenn Sie als Quelle eine lokale Datebank angeben und als Ziel eine entfernte, spricht man von *PUSH-Replikation*. Geben Sie als Quelldatenbank eine entfernte Datenbank an und als Ziel eine lokale, spricht man von *PULL-Replikation*. In der Version 0.10.0 von CouchDB ist die *PULL-Replikation* die bessere Variante, da sie weniger fehleranfällig und effizienter ist. Ab der Version 0.11.0 sind beide Varianten gleich gut.

Das folgende Beispiel zeigt eine Replikation zwischen zwei lokalen Datenbanken, die über einen Admin-Account gesichert sind:

```
curl -vX POST http://127.0.0.1:5984/_replicate -d '{"source":
"http://admin:secret@127.0.0.1:5984/todoapp","target":"http://
admin:secret@127.0.0.1:5984/todoapp_2"}'
> POST /_replicate HTTP/1.1
< HTTP/1.1 200 OK
< Content-Type: text/plain;charset=utf-8
{
  "ok":true,
  "session_id":"36e23c2476a1d32c6dcfbb0f1d3d80ef",
  "source_last_seq":35,
  "history":[
    {
      "session_id":"36e23c2476a1d32c6dcfbb0f1d3d80ef",
      "start_time":"Sat, 30 Jan 2010 19:07:55 GMT",
      "end_time":"Sat, 30 Jan 2010 19:07:56 GMT",
      "start_last_seq":0,
      "end_last_seq":35,
      "recorded_seq":35,
      "missing_checked":0,
      "missing_found":17,
      "docs_read":17,
      "docs_written":17,
```

```
        "doc_write_failures":0
      }
    ]
  }
```

Folgende Informationen liefert der Server in seiner Antwort an den Client zurück:

ok:true
> Die Anfrage ist angekommen und wurde korrekt verarbeitet.

session_id
> Jede Replikation soll als solche eindeutig zugeordnet werden können. Dazu wird eine *session_id* erzeugt, die nichts anderes als ein UUID-Wert ist.

source_last_seq
> Dieser Wert ist die der Replikation zugrunde liegende *Sequenznummer*.

history
> Die Liste mit History-Objekten

Das History-Objekt

CouchDB speichert eine Liste mit den verschiedenen *session_id* für die Replikation. Die Liste ist auf 50 Einträge begrenzt, wobei die ältesten Einträge herausfallen und die neuesten hinzukommen. Das History-Objekt enthält folgende Angaben:

session_id
> Die jeweilige *session_id*, auf die sich das History-Objekt bezieht

start_time
> Startzeit der betreffenden Replikation

end_time
> Endzeit der betreffenden Replikation

start_last_seq
> *Sequenznummer* der Zieldatenbank vor der Replikation

end_last_set
> *Sequenznummer* der Zieldatenbank nach der Replikation

recorded_seq
Aktuelle *Sequenznummer* der Zieldatenbank

missing_checked
Anzahl der Dokumente, die bereits in der Zieldatenbank vorhanden sind und nicht repliziert werden müssen

mission_found
Anzahl der Dokumente, die in der Quelldatenbank fehlen

docs_read
Anzahl der gelesenen Dokumente

docs_written
Anzahl der geschriebenen Dokumente

doc_write_failures
Anzahl der fehlgeschlagenen Schreibzugriffe; diese Fehler können vor allem dann auftreten, wenn die Zieldatenbank mit einem Admin-Benutzer geschützt ist. Sofern für die Replikation keine Zugangsdaten angegeben wurden und Designdokumente übertragen werden müssen, kommt es bei jedem Designdokument zu so einem Fehler, da nur Admin-Benutzer diese Dokumente anlegen und verändern dürfen.

Konflikte

Sobald Sie mit Replikationen arbeiten, werden Sie früher oder später mit Konflikten zu tun haben. Konflikte werden zum Beispiel durch gleichzeitige Änderungen an einem Dokument hervorgerufen. In CouchDB ist das eigentlich nicht möglich. Zum einen muss bei jeder Änderung die *RevisionID* mit angegeben werden, und zum anderen werden Änderungen an der Datenbankdatei nacheinander ausgeführt, wobei Änderungen in neuen Dokumenten mit derselben *DocID* und einer anderen *RevisionID* hinten angehängt werden.

Beim Speichern eines Dokuments wird die angegebene *RevisionID* mit der auf dem Server gespeicherten *RevisionID* verglichen. Nur wenn beide gleich sind, wird die Änderung auch vollzogen und das Dokument gespeichert. Ansonsten wird die Änderung zurückgewiesen, da die Änderungen des Benutzers nicht auf den neuesten Daten basieren. Für eine einfache CouchDB-Installation funktioniert das auch wunderbar.

Wenn Sie Ihre Anwendung jedoch auf mehrere CouchDB-Instanzen verteilen, wird es schwieriger: Zwar können Sie die Instanzen mit kontinuierlichen Replikationen auf demselben Stand halten, Konflikte lassen sich dadurch jedoch nicht verhindern.

Wenn also zwei Benutzer auf zwei verschiedenen Systemen Änderungen am selben Dokument vornehmen, können diese Änderungen für das jeweilige System durchaus in Ordnung sein. Replizieren Sie nun die Datenbanken in beide Richtungen, haben Sie einen klassischen Konfliktfall. Hierbei wird die Replikation natürlich nicht gestoppt. Das Dokument wird auch nicht übersprungen. Es existieren vielmehr in beiden Systemen unterschiedliche Versionen des Dokuments. Für die Anzeige dieses Dokuments durch Views oder Ähnliches wird von beiden jedoch nur eins ausgewählt. Das geschieht über einen vorgegebenen Algorithmus, der auf allen CouchDB-Instanzen zum selben Ergebnis führt.

Die verschiedenen Versionen des Dokuments existieren dabei parallel auf der gleichen Ebene im Revisionsbaum. So wird in CouchDB sichergestellt, dass im Konfliktfall keine Daten verloren gehen. Die Konfliktfälle werden durch eine *Compaction* (Verdichtung) nicht entfernt. Konflikte müssen letztendlich meist auf Applikationsebene gelöst werden, obwohl es Vorgehensweisen gibt, die Wahrscheinlichkeit auf ein Minimum zu reduzieren. In Kapitel 7, *Dokumente* wird unter anderem gezeigt, wie Sie Konflikte anzeigen und lösen können.

KAPITEL 7

Dokumente

In diesem Kapitel finden Sie alles, was Sie über Dokumente in CouchDB wissen müssen. Erfahren Sie, wie Sie Dokumente verwalten, Dokumente mit Anhängen erzeugen und Dokumente kopieren können. Darüber hinaus können Sie sich hier über verschiedene Stapelverarbeitungsoptionen informieren.

CouchDB ist eine dokumentorientierte Datenbank. Alle in der Datenbank abgelegten Daten sind somit Dokumente. Tabellen, Schemadefinitionen oder Ähnliches gibt es in CouchDB nicht. Die Unterscheidung zwischen verschiedenen Dokumenttypen geschieht implizit. Dabei werden in den Dokumenten Eigenschaften definiert, anhand derer die Klasse des jeweiligen Dokuments festgemacht werden kann. Dafür kommt üblicherweise das Feld type zum Einsatz. Diese Art von Typisierung wird *Duck-Typing* genannt. Die Struktur von Dokumenten kann dabei beliebig komplex sein, es werden alle JSON-Datentypen unterstützt.

Eine Ausnahme bilden die *Designdokumente*. Sie sind ein spezieller Dokumententyp, der für die Definition bestimmter Verhaltensweisen genutzt wird. So werden in Designdokumenten Abfragen definiert, Transformationsfunktionen angelegt und die Validierung geregelt. Außerdem können Sie in Designdokumenten auch ihre komplette Anwendung hinterlegen, was in diesem Buch im Kapitel zur Beispielanwendung angewendet wird. Designdokumente werden unter einer definierten URL angelegt, die sich von der URL gewöhnlicher Dokumente unterscheidet, nämlich */dbname/_design/ designdoc*.

Benennung und Adressierung

Alle Dokumente, die in CouchDB gespeichert werden, haben eine *DocID* (*_id*). Eine *DocID* ist eine Zeichenkette, die ein Dokument eindeutig identifiziert, wobei zwischen Groß- und Kleinschreibung unterschieden wird. Zwei Dokumente innerhalb einer Datenbank können nicht dieselbe *DocID* haben. CouchDB implementiert für das Generieren einer *DocID* standardmäßig einen UUID-Algorithmus. Ein Dokument innerhalb einer Datenbank können Sie über die DocID aufrufen.

http://127.0.0.1:5984/meinedatenbank/meine_doc_id
http://127.0.0.1:5984/meinedatenbank/andere_doc_id
http://127.0.0.1:5984/meinedatenbank/
f5fef7e8145a38bf8b5a8da7f2b0e8b2

Das dritte Beispiel zeigt eine für CouchDB typische *DocID*, die über UUID generiert wurde. Sie können natürlich jede beliebige Zeichenkette als *DocID* definieren. Sobald Sie jedoch / als Teil des Namens verwenden, sollten Sie dieses Zeichen entsprechend encodieren. Eine Ausnahme bilden hier Designdokumente, die sowohl / als auch %2F akzeptieren.

Für die DocID gibt es keine Einschränkungen wie bei Datenbanknamen, aber es ist natürlich sinnvoll, die Zeichen so auszuwählen, dass sie auch bequem über eine URL aufrufbar sind.

Aufbau von Dokumenten

Die Dokumente in CouchDB sind einfache JSON-Objekte. Diese können beliebige Strukturen annehmen und verschachtelt werden. Folgendes Beispiel zeigt ein einfaches verschachteltes CouchDB-Dokument.

```
{
    "_id":"meine_id",
    "_rev":"f5fef7e8145a38bf8b5a8da7f2b0e8b2",
    "name":"Apfelbaum",
    "gepflanzt":"30.05.2004",
    "ernte":[
```

```
      "Mai",
      "August"
   ],
   "fruechte":[
      {
         "position_x":2,
         "position_y":4,
         "farbe":"gold",
         "geschmack":"sueß"
      },
      {
         "position_x":3,
         "position_y":3,
         "farbe":"gruen",
         "geschmack":"sauer"
      }
   ]
}
```

Spezielle Felder

Benutzerdefinierte Feldnamen dürfen nicht mit einem Unterstrich (_) beginnen, da dieser für interne Zwecke reserviert ist. CouchDB definiert für Dokumente folgende Spezialfelder (Attribute):

_id

Die *DocID ist* der eindeutige Bezeichner zur Identifikation eines Dokuments innerhalb einer Datenbank.

_rev

Die aktuelle *RevisionID* ist eine Art Versionsnummer des Dokuments.

_attachments

Wenn ein Dokument Anhänge hat, wird in diesem Attribut die Dateistruktur gespeichert (siehe Anhänge).

_deleted

Zeigt an, ob ein Dokument als gelöscht markiert wurde und bei der nächsten Compaction (Verdichtung) entfernt wird.

_revisions

Enthält eine Liste der Dokumenten-History, wenn ?revs=true mit übergeben wurde.

_rev_infos
> Vergleichbar mit _revisions, enthält aber mehr Details über die Änderungen und die Verfügbarkeit alter Versionen dieses Dokuments.

_conflicts
> Beinhaltet Informationen über vorliegende Konflikte zu diesem Dokument.

_deleted_conflicts
> Beinhaltet Informationen über gelöschte bzw. gelöste Konflikte zu diesem Dokument.

Attachments

Dokumente in CouchDB können Anhänge haben, ähnlich wie bei E-Mails. Attachments in CouchDB werden immer in Dokumenten abgelegt. Wenn diese Attachments über eine HTTP-Anfrage an den Client ausgeliefert werden, verhält sich CouchDB wie ein Webserver. So ist es zum Beispiel möglich, ganze Websites mit allen Abhängigkeiten wie Bilder, JavaScript-Dateien und CSS-Klassen in ein Dokument zu speichern.

TIPP

Der Name des jeweiligen Attachments kann auch das Zeichen / enthalten. Anders als bei Dokumentennamen müssen Sie dieses nicht als %2F schreiben. Damit können Sie eine Baumstruktur für Ihre Attachments abbilden. Wenn Sie ein Dokument *mein/ dokument* mit einem Anhang *mein/verzeichnis/text.txt* haben, dann würden Sie den Anhang wie folgt aufrufen: *http://127.0.0. 1:5984/meinedb/mein%2Fdokument/mein/verzeichnis/text.txt*

Anlegen

Beim Anlegen von Attachments können Sie direkt einen PUT-Befehl auf die URL ausführen, unter der das Attachment zur Verfügung stehen soll.

PUT /dbname/doc_id/filename

Dabei muss jedoch der *MIME-Type* über den *Content-Type Header* spezifiziert werden. Der dort angegebene *Mime-Type* wird von CouchDB wieder gesendet, sobald Sie auf den Anhang zugreifen. Das folgende Beispiel zeigt das Anlegen eines Attachments:

```
curl -X PUT --data-binary "@logo.png" --header "Accept:
application/json" --header "Content-Type: image/png" --header
"Transfer-Encoding: chunked" --header "Expect:" -v
http://127.0.0.1:5984/mydb/mydoc/mypng.png
> PUT /mydb/mydoc/mypng.png HTTP/1.1
> Content-Type: image/png
> Transfer-Encoding: chunked
> bc2
< HTTP/1.1 201 Created
< Location: http://127.0.0.1:5984/mydb/mydoc/mypng.png
< Content-Type: application/json
{"ok":true,"id":"mydoc","rev":
"1-32c7e1c92df281f49a9b5da8ba20b828"}
```

Das Dokument und das dazugehörige Attachment wird automatisch angelegt. Eine *RevisionID* muss an dieser Stelle auch nicht angegeben werden.

Laden

Um auf ein einzelnes Attachment zuzugreifen, müssen Sie im zugehörigen GET-Befehl hinter der DocID den Namen des Attachments hängen.

GET /dbname/doc_id/filename

Das folgende Beispiel lädt eine in CouchDB gespeicherte Textdatei:

```
curl -vX GET http://127.0.0.1:5984/mydb/meindokument/
meinedatei.txt
> GET /mydb/meindokument/meinedatei.txt HTTP/1.1
< HTTP/1.1 200 OK
< ETag: "1-0ff4ba60b797a779f348bee39d90c489"
< Content-Type: text/plain
Dies ist ein Text
```

Ändern

Das Ändern bzw. Aktualisieren eines Attachments funktioniert nach demselben Prinzip wie das Anlegen von Attachments, nur dass Sie hier die *RevisionID* des umgebenden Dokuments mit übergeben müssen.

PUT /dbname/doc_id/filename?rev=RevisionID

Das folgende Beispiel überschreibt ein auf dem Server schon existierendes Attachment:

```
curl -X PUT --data-binary "@logo.png" --header "Accept:
application/json" --header "Content-Type: image/png" --header
"Transfer-Encoding: chunked" --header "Expect:" -v
http://127.0.0.1:5984/mydb/mydoc/mypng.png?rev=2-
ab5d2ed28bfd0d8f8bcaf10dc97d8384
> PUT /mydb/mydoc/mypng.png?rev=2-
ab5d2ed28bfd0d8f8bcaf10dc97d8384 HTTP/1.1
> Content-Type: image/png
> Transfer-Encoding: chunked> bc2
< HTTP/1.1 201 Created
< Location: http://127.0.0.1:5984/mydb/mydoc/mypng.png
< Content-Type: application/json
{"ok":true,"id":"mydoc","rev":"
3-b1a1618c81a73f0d1e0fe9088a55e6b9"}
```

Löschen

Das Löschen eines Attachments wird über einen *HTTP-DELETE*-Befehl ausgeführt. Dabei müssen Sie die aktuelle *RevisionID* des umgebenden Dokuments übergeben.

DELETE /dbname/doc_id/filename?rev=RevisionID

Das folgende Beispiel löscht das Standalone-Attachment */mydb/mydoc/mypng.png*:

```
curl -vX DELETE http://127.0.0.1:5984/mydb/mydoc/mypng.png?rev=3-
b1a1618c81a73f0d1e0fe9088a55e6b9
> DELETE /mydb/mydoc/mypng.png?rev=3-
b1a1618c81a73f0d1e0fe9088a55e6b9 HTTP/1.1
< HTTP/1.1 200 OK
< Content-Type: text/plain;charset=utf-8
{"ok":true,"id":"mydoc","rev":"4-
224ee116bc37ad36b90ac07ef3ce5bd4"}
```

Beachten Sie, dass die Antwort eine neue *RevisionID* beinhaltet. Das Dokument wurde nun als gelöscht markiert, jedoch nicht gelöscht. Physisch würde das Dokument erst nach einer *Compaction* (Verdichtung) entfernt werden. Dies hängt mit der *Append-Only – Architektur* des CouchDB-*B-Trees* zusammen.

Dokumente auflisten

Um eine Liste von Dokumenten aus einer bestimmten Datenbank anzuzeigen, gibt es in CouchDB verschiedene Möglichkeiten. Neben benutzerdefinierten Views und List-Funktionen gibt es mehrere immer zur Verfügung stehende Views. Um die Ausgabe für sich anzupassen, können Sie dieselben Parameter übergeben, die Sie auch an einen View übergeben würden. Für weitere Informationen sehen Sie sich bitte den Abschnitt zu Views an. Um eine Liste mit allen Dokumenten einer Datenbank zu erhalten, verwenden Sie den _all_docs-View über die Methode *HTTP-GET*.

GET /dbname/_all_docs

Dieser Aufruf gibt eine nach der *DocID* sortierte Liste aller Dokumente der Datenbank zurück. Das folgende Beispiel zeigt diesen Aufruf mit umgekehrter Sortierung über den Parameter descending gleich true.

```
curl -vX GET http://127.0.0.1:5984/mydb/_all_docs?descending=true
> GET /mydb/_all_docs?descending=true HTTP/1.1
< HTTP/1.1 200 OK
< Etag: "6BGSS4LKBJ82PF6SEJQZOHZ22"
< Content-Type: text/plain;charset=utf-8
{
   "total_rows":3,
   "offset":0,
   "rows":[
      {
         "id":"mydoc",
         "key":"mydoc",
         "value":{
            "rev":"4-224ee116bc37ad36b90ac07ef3ce5bd4"
         }
      },
```

```
    {
        "id":"meindokument",
        "key":"meindokument",
        "value":{
            "rev":"1-0ff4ba60b797a779f348bee39d90c489"
        }
    },
    {
        "id":"blah",
        "key":"blah",
        "value":{
            "rev":"1-724e18f0205aecb4f100ff0905ce971a"
        }
    }
  ]
}
```

Wenn Sie die Option include_docs verwenden, werden die kompletten Dokumente zurückgeliefert. Sie haben außerdem die Möglichkeit, via POST mehrere Dokumente gleichzeitig zu laden. Unter der Angabe der betreffenden Keys erhalten Sie entsprechend die passenden Dokumente zurück.

```
curl -vX POST http://127.0.0.1:5984/mydb/_all_docs?include_
docs=true -d '{"keys":["mydoc","blah"]}'
> POST /mydb/_all_docs?include_docs=true HTTP/1.1
< HTTP/1.1 200 OK
< Transfer-Encoding: chunked
< Etag: "197H1DQXA08S4VSHINDL2R84A"
< Content-Type: text/plain;charset=utf-8
{
    "total_rows":13,
    "offset":0,
    "rows":[
        {
            "id":"mydoc",
            "key":"mydoc",
            "value":{
                "rev":"4-224ee116bc37ad36b90ac07ef3ce5bd4"
            },
            "doc":{
                "_id":"mydoc",
                "_rev":"4-224ee116bc37ad36b90ac07ef3ce5bd4"
            }
```

```
      },
      {
        "id":"mydoc2",
        "key":"mydoc2",
        "value":{
          "rev":"1-724e18f0205aecb4f100ff0905ce971a"
        },
        "doc":{
          "_id":"mydoc2",
          "_rev":"1-724e18f0205aecb4f100ff0905ce971a",
          "_attachments":{
            "test":{
              "stub":true,
              "content_type":"image/png",
              "length":3010,
              "revpos":1
            }
          }
        }
      }
    ]
  }
```

Damit können Sie also mehrere Dokumente mit nur einer Anfrage vom Server laden. Das gilt nicht für für *_all_docs*, sondern für alle definierten Views. Dabei ist zu beachten, dass sich der Parameter keys auf die jeweiligen Schlüssel bezieht, die im *View* definiert wurden.

CouchDB führt für jede Datenbank eine sogenannte *Sequenznummer*. Bei jeder Änderung an der Datenbank wird diese Sequenznummer hochgezählt. So können zwei Datenbanken miteinander verglichen werden.

Dokument anzeigen

Dokumente können von CouchDB auf verschiedene Weise ausgegeben werden. Neben der einfachen *GET-Methode* gibt es außerdem noch Show-Funktionen, die eine weitere Aufbereitung des Dokuments für den Client ermöglichen. Für weitere Informationen sehen Sie bitte im Abschnitt über Transformationsfunktionen nach (siehe Kapitel 9). Da CouchDB eine »HTTP-RESTful« API implementiert, haben auch Dokumente Ihre eigene URL. Über einen einfachen GET-Befehl können Sie auf ein Dokument zugreifen.

GET /mydb/doc_id

Das folgende Beispiel lädt ein Dokument, das Benutzerdaten enthält:

```
curl -vX GET http://127.0.0.1:5984/todoapp/
3f2458e3c5a94e97a6dc396897ea7b37
> GET /todoapp/3f2458e3c5a94e97a6dc396897ea7b37 HTTP/1.1
> Host: 127.0.0.1:5984
> Accept: */*
>
< HTTP/1.1 200 OK
< Etag: "1-255d40356325c444c2d2bb347631eb1e"
< Content-Type: text/plain;charset=utf-8
{
    "_id":"3f2458e3c5a94e97a6dc396897ea7b37",
    "_rev":"1-255d40356325c444c2d2bb347631eb1e",
    "type":"user",
    "username":"bob",
    "password_sha":"40afc9a20872404948a14aed510797ee07960a5d",
    "salt":"b3990e6b1f4c9413dd0fb15515b93a30",
    "email":"",
    "active":true,
    "roles":[
        "user"
    ]
}
```

Die Antwort des Servers beinhaltet das angefragte Dokument im JSON-Format. CouchDB sendet außerdem einen *ETag*-Header für jedes angefragte Dokument. *ETag* steht für »Entity Tag« und wurde mit HTTP 1.1 eingeführt. Es ist ein Antwort-Header, der von HTTP/1.1-kompatiblen Webservern zurückgegeben werden kann. Er wird dazu verwendet, Änderungen zu identifizieren, die sich auf den Inhalt unter einer bestimmten URL beziehen. Somit können Clients feststellen, ob sie diesen Inhalt schon bezogen haben oder nicht. Eingesetzt wird das im Caching, also der Vermeidung von redundanter Datenübertragung. In CouchDB ist der ETag gleich der *RevisionID* (_rev) des jeweiligen Dokuments. Der *ETag*-Header wird bei *GET*- und *POST*-Operationen vom Server gesendet.

Auf ältere Versionen zugreifen

Für das Lösen von Konflikten und für die Implementation einer *Multi Version Concurrency Control* erlaubt CouchDB den Zugriff auf ältere Revisionen eines Dokuments. Bei einer Compaction (Verdichtung) der Datenbank würden diese Revisionen jedoch entfernt werden. Auch bei einer Replikation werden die älteren Revisionen eines Dokuments nicht übertragen. Deswegen können Sie dieses Feature nicht für die Historisierung in einem Produktivsystem einsetzen. Stattdessen könnten Sie die ältere Version des Dokuments kopieren oder es direkt im neuen Dokument ablegen.

Um eine Liste der Revisionen eines Dokuments zu erhalten, übergeben Sie den Parameter revs mit dem Wert true.

GET /dbname/doc_id?revs=true

Das folgende Beispiel lädt ein Dokument mit allen Revisionsinformationen:

```
curl -vX GET http://127.0.0.1:5984/mydb/newdocid?revs=true
> GET /mydb/newdocid?revs=true HTTP/1.1
< HTTP/1.1 200 OK
< Etag: "20-55ed4a73c4b0f140bbc4bbb40f41c4ca"
< Content-Type: text/plain;charset=utf-8
{
    "_id":"newdocid",
    "_rev":"20-55ed4a73c4b0f140bbc4bbb40f41c4ca",
    "timestamp":1266357766836,
    "address":"hello address",
    "name":"hello address",
    "_revisions":{
        "start":20,
        "ids":[
            "55ed4a73c4b0f140bbc4bbb40f41c4ca",
            "7c642ace72d4124ddde574bbfb4c02c1",
            "09c88e1181186d158b05535abfc85e2d",
            "aea4409d4de6562a95685dff580cdf4c",
            "995e83fcebdcd27a9497dda570c443ed",
            "47a72d4b84d09bf409f7c243112ac1cd",
            "060b5c2b5e64de87455022e563ce5d46",
            "4339259a6153481b51e59fc387b9461a",
            "1e9a04de1657ced10a68f0c9047ca2a9",
            "28058b119b876e308069130e50a05a09",
```

```
                "4f4881df16aca92dabe95a527b097896",
                "1991c0f4bcc6762dbaf6a21d4c4ae9ea",
                "bec67c2b9d0db129a67657f441a1cb19",
                "5233f1f2df849f9665a7bc4ed28c2b3f",
                "acdb375be1c77837225649f47aa59f39",
                "e4089b9632fe93d557f81628d7cc9a17",
                "0af4fa9ec47274cb6ee9e67f0c3c0da4",
                "0d8e273e272f256d50d15d651bdfc09f",
                "80c0c070a14f712bee8dfbbeb02f2f0d",
                "967a00dff5e02add41819138abb3284d"
            ]
        }
    }
```

Revisionen gehen bei der Compaction (Verdichtung) verloren, die RevisionID bleibt jedoch bestehen. Um nun eine Aussage darüber treffen zu können, ob eine Revision noch verfügbar ist oder nicht, können Sie den Parameter revs_info mit true übergeben. Daraufhin erhalten Sie detaillierte Informationen zu den einzelnen Revisionen.

GET /dbname/doc_id?revs_info=true

Das folgende Beispiel zeigt den beschriebenen Aufruf mit verschiedenen Revisionen:

```
curl -vX GET http://127.0.0.1:5984/mydb/newdocid?revs_info=true
> GET /mydb/newdocid?revs_info=true HTTP/1.1
< HTTP/1.1 200 OK
< Content-Type: text/plain;charset=utf-8
{
    "_id":"newdocid",
    "_rev":"20-55ed4a73c4b0f140bbc4bbb40f41c4ca",
    "timestamp":1266357766836,
    "address":"hello address",
    "name":"hello address",
    "_revs_info":[
        {
            "rev":"20-55ed4a73c4b0f140bbc4bbb40f41c4ca",
            "status":"available"
        },
        {
            "rev":"19-7c642ace72d4124ddde574bbfb4c02c1",
            "status":"available"
        },
        {
```

```
        "rev":"18-09c88e1181186d158b05535abfc85e2d",
        "status":"available"
      },
      {
        "rev":"17-aea4409d4de6562a95685dff580cdf4c",
        "status":"missing"
      },
      {
        "rev":"16-995e83fcebdcd27a9497dda570c443ed",
        "status":"missing"
      },
      ...
    ]
}
```

Das Feld status gibt eine Auskunft über die Verfügbarkeit der Revision. Nur wenn der Wert hier available ist, können Sie auf die Revision zugreifen. Im Beispiel gibt es außerdem den Status missing, der dann eintritt, wenn eine *Compaction (Verdichtung)* der Datenbank vorgenommen wurde.

Konflikte hingegen überdauern eine solche Verdichtung. Wenn Sie den Parameter conflicts gleich true übergeben, erhalten Sie gesonderte Informationen zu vorliegenden Konflikten.

GET /dbname/doc_id?conflicts=true

Das folgende Beispiel zeigt ein Dokument mit mehreren Konflikten, was bei einer Replikation durchaus vorkommen kann:

```
curl -vX GET http://127.0.0.1:5984/mydb/docid1?conflicts=true
> GET /mydb/docid1?conflicts=true HTTP/1.1
< HTTP/1.1 200 OK
< Content-Type: text/plain;charset=utf-8
<
{
  "_id":"docid1",
  "_rev":"3-7c2b54f065895eb10b5919cb573d8037",
  "name":"bob kelso",
  "_conflicts":[
    "3-3507798a662a7548dc668cc1fc56888a",
    "3-2de934627b273e00061204a75cdfafae",
    "3-1db26a04aa0f0363e7e78c46e397ef96"
  ]
}
```

Wenn Sie ein Dokument löschen, taucht es für gewöhnlich in den Standardabfragen nicht mehr auf. Wenn Sie ein Dokument löschen und dann versuchen, darauf zuzugreifen, erhalten Sie eine HTTP 404-Fehlermeldung mit der Begründung »deleted«. CouchDB führt das Löschen eines Dokuments nicht sofort aus, es hängt vielmehr eine neue Version des Dokuments in dem B-Tree an, wobei es die Eigenschaft _deleted auf true setzt. Auf die Revisionen im letzten Element des B-Tree, also das Blatt, können Sie über den Parameter open_revs zugreifen.

GET /dbname/doc_id?open_revs=all

Das folgende Beispiel lädt die sogenannte Leaf-Revision eines bereits gelöschten Dokuments:

```
curl -vX GET http://127.0.0.1:5984/mydb/newdocid?open_revs=all
> GET /mydb/newdocid?open_revs=all HTTP/1.1
< HTTP/1.1 200 OK
< Transfer-Encoding: chunked
< Server: CouchDB/0.10.0 (Erlang OTP/R13B)
< Content-Type: text/plain;charset=utf-8
[
    {
        "ok":{
            "_id":"newdocid",
            "_rev":"21-f50441ddc7f348cda9fcb7f86452ec3f",
            "_deleted":true
        }
    }
]
```

Außerdem können Sie mit diesem Parameter mehrere Revisionen gleichzeitig laden. Weiter oben wurde ein Beispiel beschrieben, in dem für ein Dokument mehrere Konflikte existieren. Im folgenden Beispiel werden alle Konflikte geladen.

```
curl -vX GET http://127.0.0.1:5984/mydb/docid1?open_revs=all
> GET /mydb/docid1?open_revs=all HTTP/1.1
< HTTP/1.1 200 OK
< Transfer-Encoding: chunked
< Content-Type: text/plain;charset=utf-8
[
    {
        "ok":{
            "_id":"docid1",
```

```
                "_rev":"3-1db26a04aa0f0363e7e78c46e397ef96",
                "name":"Nope, Dr. Acula is here"
            }
        },
        {
            "ok":{
                "_id":"docid1",
                "_rev":"3-2de934627b273e00061204a75cdfafae",
                "name":"no no its J.D."
            }
        },
        {
            "ok":{
                "_id":"docid1",
                "_rev":"3-3507798a662a7548dc668cc1fc56888a",
                "name":"Cannot be, its Perry"
            }
        },
        {
            "ok":{
                "_id":"docid1",
                "_rev":"3-7c2b54f065895eb10b5919cb573d8037",
                "name":"bob kelso"
            }
        }
    ]
```

Sie sind so in der Lage, in Ihrer Anwendung Konfliktdokumente gleichzeitig zu laden und dem Benutzer zu präsentieren. Beachten Sie dabei die Ziffer vor dem Bindestrich in den *RevisionIDs*: Sie beschreibt die Ebene innerhalb des *B-Tree*. Da diese Ziffern bei allen Revisionen gleich sind, liegt ein Konflikt vor.

Dokumente anlegen und speichern

Um neue Dokumente in der Datenbank anzulegen, kann entweder eine *PUT*- oder eine *POST*-Operation verwendet werden. Der Unterschied zwischen beiden Methoden liegt in der Adressierung: Während Sie bei einer *POST-Operation* die *DocID* des zu speichernden Dokuments nicht anzugeben brauchen, weil diese dann von CouchDB generiert wird (*UUID*), müssen Sie in einer PUT-Anweisung die *DocID* bereits in der URL aufführen.

Die Verwendung einer *PUT*-Operation ist immer die bessere Wahl, da *POST*-Anweisungen durchaus von HTTP-Clients erneut gesendet werden können, womit ein Dokument unter Umständen doppelt angelegt würde. Sollte Ihr Client nicht in der Lage sein, eine *UUIDs* zu generieren, können Sie sich welche vom Server über die *Funktion _uuid* generieren lassen. Außerdem verwenden Sie eine *PUT*-Operation für das Aktualisieren eines bestehenden Dokuments.

Um ein Dokument mit der *PUT*-Operation zu speichern, müssen Sie diese Operation auf die URL des Dokuments ausführen. Dabei übergeben Sie das zu speichernde Dokument im body des HTTP-Requests.

PUT /dbname/doc_id

Das folgende Beispiel legt ein einfaches Dokument mit der DocID doc_id an:

```
curl -vX PUT http://127.0.0.1:5984/mydb/doc_id -d '{"text":
"neuer text"}'
> PUT /mydb/doc_id HTTP/1.1
< HTTP/1.1 201 Created
< Location: http://127.0.0.1:5984/mydb/doc_id
< Etag: "1-2df736ef24dfc1f93084b02249ba7749"
< Content-Type: text/plain;charset=utf-8
{
    "ok":true,
    "id":"doc_id",
    "rev":"1-2df736ef24dfc1f93084b02249ba7749"
}
```

Beim Anlegen des Dokuments muss die DocID schon bekannt sein. Sie kann durch einen auf Clientseite implementierten UUID-Algorithmus realisiert werden. Sollte das nicht möglich sein, bietet CouchDB über die Funktion _uuid Abhilfe. Rufen Sie dazu Folgendes auf:

```
curl -vX GET http://127.0.0.1:5984/_uuids?count=10
> GET /_uuids?count=10 HTTP/1.1
< HTTP/1.1 200 OK
< ETag: "CI7Z9ORSHEMPXVBQHMNLQS201"
< Content-Type: text/plain;charset=utf-8
```

```
{
    "uuids":[
        "63579a95e517bc0fc05cb792985ef3d6",
        "8e9b11d4907a9bbb5f0bf8e9654b365c",
        "a77bf2408912b086d31706cdd0f4345a",
        "db48e77c809c38b9fe83d6bd2d764568",
        "747c3b9238de9486113b99916ddec07b",
        "c09b7a2e6e53cf0a3d61a9e10aa58874",
        "a557c9446a8299b8e622d6617bee7f53",
        "4c1934c5925c06137fc12b67e435388e",
        "6bef4a371c7889bffb1c21edc23b587e",
        "28e0e903d404ae5b06a2f273bc1dc6b9"
    ]
}
```

Dieser Aufruf gibt Ihnen zehn servergenerierte UUIDs zurück. Diese können Sie dann für das Anlegen von Dokumenten in Ihrer Clientsoftware verwenden. Die *UUIDs* werden dabei vom Server nur generiert, nicht aber auf Kollision mit schon bestehenden *DocIDs* geprüft. Erst wenn ein Dokument gespeichert wird, findet eine Verfügbarkeitsprüfung bezüglich der *DocID* statt.

Um ein Update auf einem bestehenden Dokument durchzuführen, verwenden Sie ebenfalls eine PUT-Operation. Dabei müssen Sie innerhalb des JSON-Objekts in der Eigenschaft _rev die jeweilige *RevisionID* gesetzt haben. Wenn ein bestehendes Dokument aktualisiert wird, überprüft CouchDB, ob die RevisionID des übertragenen Dokuments mit der des auf dem Server gespeicherten Dokuments übereinstimmt. Wenn das nicht der Fall ist, geht CouchDB davon aus, dass sich Ihre Änderungen auf einen älteren Datenbestand beziehen und Ihre Schreiboperation somit andere Benutzereingaben unabsichtlich überschreiben würde. Deswegen gibt CouchDB dann eine entsprechende Fehlermeldung aus. Sind beide RevisionIDs gleich, wird die Schreiboperation durchgeführt. Dabei wird für das Dokument eine neue RevisionID vergeben und an den Client zurückgesendet.

Folgendes Beispiel zeigt den Fall, dass beide RevisionIDs (Server/Client) gleich sind:

```
curl -vX PUT http://127.0.0.1:5984/mydb/doc_id -d '{"text":
"ganz neuer text","_rev":"1-2df736ef24dfc1f93084b02249ba7749"}'
> PUT /mydb/doc_id HTTP/1.1
```

```
< HTTP/1.1 201 Created
< Location: http://127.0.0.1:5984/mydb/doc_id
< Etag: "2-07e1a28e72aeeba91bd637e825217172"
< Content-Type: text/plain;charset=utf-8
{
    "ok":true,
    "id":"doc_id",
    "rev":"2-07e1a28e72aeeba91bd637e825217172"
}
```

Im Konfliktfall wäre die Rückmeldung des CouchDB-Servers eine Fehlermeldung:

```
{
    "error":"conflict",
    "reason":"Document update conflict."
}
```

Beachten Sie dabei, dass die RevisionID aus zwei Teilen besteht: Die Ziffer vor dem Bindestrich gibt den jeweiligen Level der Revision an. Wenn diese Ziffer gleich, aber der Rest des String verschieden ist, handelt es sich um zwei verschiedene Versionen derselben Revision, was bei verteilten Installationen vorkommen kann. Sehen Sie sich dazu den Abschnitt zu Replikationen im Kapitel 6, *Datenbanken* an.

Wie schon erwähnt, ist es auch möglich, neue Dokumente mit einem POST-Befehl anzulegen. Diesen müssen Sie auf die entsprechende URL der Datenbank ausführen.

POST /dbname

Das folgende Beispiel legt ein Dokument mit einer POST-Instruktion an. Dabei werden die Daten im *Body* der Anfrage gesendet. Die *DocID* wird über den *UUID-Algorithmus* serverseitig generiert:

```
curl -vX POST http://127.0.0.1:5984/mydb -d '{"text":"ich bin
ganz neu"}'
> POST /mydb HTTP/1.1
< HTTP/1.1 201 Created
< Location: http://127.0.0.1:5984/mydb/
52811c56eae5533d44afe891e4a79195
< Content-Type: text/plain;charset=utf-8
```

```
{
    "ok":true,
    "id":"52811c56eae5533d44afe891e4a79195",
    "rev":"1-b9dfea8fef7d33f2b98a0b02326ec627"
}
```

Bisher wurde gezeigt, wie man einzelne Dokumente in CouchDB
speichert. Mit der Funktion _bulk_docs haben Sie die Möglichkeit,
mehrere Dokumente zu speichern.

POST /dbname/_bulk_docs

Die Anfrage selbst muss ein JSON-Objekt mit einer Liste von
Dokumenten enthalten, die gespeichert oder geändert werden sollen. Definieren Sie dafür die Eigenschaft docs auf der ersten Ebene
des JSON-Objektes:

```
{
    "docs":[
        {
            "_id":"docid1",
            "name":"bob kelso"
        },
        {
            "_id":"docid2",
            "name":"perry cox"
        }
    ]
}
```

Wenn Sie bestehende Dokumente ändern wollen, müssen Sie, wie
auch bei einfachen Anfragen, die jeweilige *RevisionID* mitüberge-
ben. Um ein Dokument zu löschen, setzen Sie im jeweiligen Objekt
die Eigenschaft _deleted auf true. Die Antwort des Servers enthält
so zu jedem Dokument die jeweils neue *RevisionID* oder etwaige

Fehlermeldungen. Das folgende Beispiel zeigt, wie Sie mit einem Aufruf zwei Dokumente anlegen können:

```
curl -vX POST http://127.0.0.1:5984/mydb/_bulk_docs -d
'{"docs":[{"_id":"docid1","name":"bob kelso"},{"_id":
"docid2","name":"perry cox"}]}'
> POST /mydb/_bulk_docs HTTP/1.1
< HTTP/1.1 201 Created
< Content-Type: text/plain;charset=utf-8
[
  {
    "id":"docid1",
    "rev":"1-f4775c41f8280278c775f47e71cd7f78"
  },
  {
    "id":"docid2",
    "rev":"1-34f75100d5f96a02d325835521e1d093"
  }
]
```

Bei diesem Aufruf wurde für jedes Dokument eine *DocID* übergeben; wenn Sie diese weglassen, wird CouchDB eine entsprechende UUID generieren, als würden Sie ein einzelnes Dokument mit einer *POST-Operation* anlegen.

Für diese Art der Stapelverarbeitung stehen Ihnen zwei verschiedene Optionen zur Auswahl.

non-atomic

Hierbei handelt es sich um das Standardverhalten. Dabei wird jedes übermittelte Dokument einzeln behandelt. Die Antwort des Servers enthält dabei auch Informationen über etwaige Konflikte oder Fehler, die beim Speichern eines einzelnen Dokuments aufgetreten sind. CouchDB liefert zu jedem Dokument eine *DocID* und eine *RevisionID*. Beachten Sie dabei, dass gelöschte Dokumente, die Sie also vorher mit _deleted gleich true markiert haben, auch eine neue *RevisionID* erhalten.

```
{
  "docs": [
    {"_id": "0", "_rev": "1-62657917", "_deleted": true},
    {"_id": "1", "_rev": "1-2089673485", "integer": 2,
```

```
    "string": "2"},
        {"_id": "2", "_rev": "1-2063452834", "integer": 3,
    "string": "3"}
      ]
    }
```

Sollte die *RevisionID* eines Dokuments nicht mit der auf dem Server gespeicherten *RevisionID* übereinstimmen, wird das jeweilige Dokument nicht gespeichert. Stattdessen wird ein Fehler ausgegeben, was jedoch sich nicht auf das Speichern der anderen Dokumente auswirkt.

```
[
    {"id":"0","error":"conflict","reason":"Document update
conflict."},
    {"id":"1","rev":"2-1579510027"},
    {"id":"2","rev":"2-3978456339"}
]
```

all-or-nothing

Hier wird das Speichern der Dokumente als ein zusammenhängender Prozess verstanden. Sollte auch nur ein Dokument nicht gespeichert werden können, wird kein einziges gespeichert. Um diesen Modus zu aktivieren, setzen Sie auf der obersten Ebene des JSON-Objekts die Eigenschaft all_or_nothing auf true. Bei dieser Methode werden alle übermittelten Änderungen angenommen. Selbst wenn dadurch Konflikte hervorgerufen würden, werden diese Dokumente gespeichert, anders als bei »non-atomic«. Das »Alles oder Nichts« bezieht sich also nur auf das Szenario eines unerwarteten Systemausfalls. Sollte so ein Fall eintreten, werden entweder alle oder gar keine Daten gespeichert. Stellen Sie sich also eine Art Paketband vor, das um die übermittelten Dokumente gewickelt wurde. Der Server kann diese nur im Ganzen entgegennehmen. Da diese Art der Operation Konflikte geradezu heraufbeschwört, sollten Sie sie nur einsetzen, wenn Ihre Anwendung entsprechende Vorkehrungen zur Behandlung von Konflikten trifft. Sie ist also nicht dazu geeignet, referenzielle Integrität sicherzustellen, wohl aber dazu, sicherzustellen, dass alle Daten im Zusammenhang mit dieser Operation gespeichert werden.

```
{
  "all_or_nothing": true,
  "docs": [
    {"_id": "0", "_rev": "1-62657917", "integer": 10, "string":
"10"},
    {"_id": "1", "_rev": "2-1579510027", "integer": 2,
"string": "2"},
    {"_id": "2", "_rev": "2-3978456339", "integer": 3,
"string": "3"}
  ]
}
```

TIPP

Beachten Sie bitte, dass sich die »all-or-nothing«-Methode beim
Speichern eines Dokuments anders verhält: Es wird keine Überprüfung von Konflikten oder Ähnlichem vollzogen; sogar wenn
die übermittelte *RevisionID* überhaupt nicht existiert, werden
die Änderungen angenommen und gespeichert.

Beim Speichern von Dokumenten gibt es eine Option, um den
Datendurchsatz zu erhöhen. Im Normalfall würden die Daten
sofort auf die Festplatte geschrieben, noch bevor der Client eine
Antwort erhält. Wenn Sie in Ihrer PUT- bzw. POST-Operation
den Parameter batch=ok mit übergeben, wird die Änderung nicht
gleich auf die Festplatte geschrieben. Stattdessen wird sie im Spei-
cher auf einer Per-User-Basis gehalten, bis zu einem kritischen
Punkt, der durch batch_save_size und batch_save_internal in der
Konfiguration festgelegt wird. Ist dieser kritische Punkt erreicht,
werden all diese Änderungen auf die Festplatte geschrieben. Dieses Verhalten können Sie natürlich auch manuell auslösen, indem
Sie die *_ensure_full_commit-API* verwenden.

Mit dieser Option muss der Client also nicht abwarten: Er
erhält umgehend vom Server eine *HTTP 202 Accepted*-Antwort.
Dies ist konzeptionell nicht zu verwechseln mit dem Verhalten
der *_bulk_docs-API*, obwohl es ähnliche Implikationen mit sich
bringt. Im Allgemeinen ist diese Operation bis zu sechsmal
langsamer als die *_bulk_docs-API*.

Dokumente löschen

Da CouchDB Änderungen immer an den B-Tree anhängt, gilt das auch für das Löschen von Dokumenten. Die Löschung eines Dokuments führt also nicht zum Entfernen des Dokuments, sondern überführt es in einen Zustand. Bei der nächsten Compaction wird es dann aber endgültig aus dem B-Tree entfernt. Das gilt übrigens auch für Replikationen. Um ein Dokument zu löschen, führen Sie eine *DELETE-Operation* auf die betreffende Dokument-URL aus. Als Parameter müssen Sie dabei die aktuelle *RevisionID* übergeben. Im Erfolgsfall gibt der Server die neue *RevisionID* des gelöschten Dokuments zurück.

DELETE /dbname/doc_id?rev=RevisionID

Alternativ zum Parameter rev können Sie auch den ETag-Header mit einer »If-Match«-Anweisung verwenden. Das folgende Beispiel zeigt eine *DELETE-Operation*, bei der der Parameter rev übergeben wird:

```
curl -vX DELETE http://127.0.0.1:5984/mydb/doc_id?rev=2-
07e1a28e72aeeba91bd637e825217172
> DELETE /mydb/doc_id?rev=2-07e1a28e72aeeba91bd637e825217172
HTTP/1.1
< HTTP/1.1 200 OK
< Etag: "3-f2842e1d64c1c6b7281dc7354fb4929e"
< Content-Type: text/plain;charset=utf-8
{
    "ok":true,
    "id":"doc_id",
    "rev":"3-f2842e1d64c1c6b7281dc7354fb4929e"
}
```

Sobald Sie ein Dokument auf diese Weise gelöscht haben, taucht es in keinem View mehr auf. Selbst der Zugriff auf die URL des Dokuments führt zur Ausgabe eines Fehlers.

```
curl -vX GET http://127.0.0.1:5984/mydb/docid1
> GET /mydb/docid1 HTTP/1.1
< HTTP/1.1 404 Object Not Found
< Content-Type: text/plain;charset=utf-8
{"error":"not_found","reason":"deleted"}
```

Auch die Option open_revs=all würde Ihnen nur die letzte Revision anzeigen, also die gelöschte.

Dokumente kopieren

In CouchDB ist es möglich, Dokumente serverseitig zu kopieren. Ohne diese Möglichkeit müssten Sie Dokumente samt ihrer Anhänge herunterladen, um diese dann in einer PUT-Operation wieder an den Server zu übertragen. Das ist jedoch nur innerhalb derselben Datenbank möglich. Dafür wurde der HTTP-Standard erweitert. Um Dokumente zu kopieren, verwenden Sie einen *HTTP COPY-Befehl* auf die URL des Quelldokuments.

COPY /dbname/doc_id

Im Header geben Sie den Parameter destination für das Zieldokument an. Sollte das Zieldokument bereits existieren und möchten Sie es überschreiben, müssen Sie die jeweilige *RevisionID* des Zieldokuments mit übergeben.

TIPP

Beachten Sie, dass es sich bei dieser Operation um eine Erweiterung von HTTP handelt, die nicht dem Standard entspricht. Der Copy-Befehl wurde an die Funktionsweise von WebDav (RFC 2518) angelehnt.

Das folgende Beispiel kopiert ein Dokument, wobei es ein bestehendes überschreibt:

```
curl -vX COPY http://127.0.0.1:5984/mydb/mydoc -H "Destination:
my_other_doc?rev=1-967a00dff5e02add41819138abb3284d"
> COPY /mydb/mydoc HTTP/1.1
> Destination: my_other_doc?rev=1-
967a00dff5e02add41819138abb3284d
>
< HTTP/1.1 201 Created
< Etag: "2-7051cbe5c8faecd085a3fa619e6e6337"
< Content-Type: text/plain;charset=utf-8
{
    "id":"my_other_doc",
    "rev":"2-7051cbe5c8faecd085a3fa619e6e6337"
}
```

Die Antwort enthält die *DocID* sowie die neue *RevisionID* des Zieldokuments.

Dokumente verschieben

Das Verschieben von Dokumenten ist in CouchDB nicht vorgesehen. Kombinieren Sie stattdessen die Befehle COPY und DELETE, um den gewünschten Effekt zu erzielen. Dieser Punkt ist hier aufgeführt, da es zwischen den Versionen 0.8.0 und 0.9.0 einen Zeitraum gab, in dem diese Methode implementiert wurde. Aus verschiedenen Gründen wurde der Ansatz jedoch verworfen.

KAPITEL 8

Abfragen

Wie Sie es von einer Datenbank erwarten, können Sie mit CouchDB Daten indexieren, suchen, filtern, verarbeiten und sortieren. In SQL-basierten Datenbanksystemen wird das mit sogenannten Queries realisiert. Diese basieren auf der eigens dafür entwickelten Sprache SQL. In CouchDB kommt ein anderes Paradigma zum Einsatz. CouchDB ist explizit für parallele Verarbeitung entwickelt worden. Dabei wird ein großes Problem bzw. eine große Datenmenge in kleinere Einheiten geteilt, die dann unabhängig voneinander parallel verarbeitet werden. Somit können Sie Ihre Abfrage von unzähligen Computern verarbeiten lassen. Das ermöglicht es auch, riesige Datenmengen im Petabyte-Bereich schneller zu verarbeiten als mit dem herkömmlichen seriellen Ansatz; außerdem ist eine verteilte Verarbeitung weniger fehleranfällig.

Eine Datenbankabfrage in CouchDB wird über einen zweistufigen Algorithmus gelöst. Dieser besteht aus zwei voneinander unabhängigen Funktionen, die zusammen einen View ergeben. Somit könnte dieser View mit einer Query gleichgesetzt werden. CouchDB implementiert mit seinen Views das Map/Reduce-Verfahren, das Sie eventuell schon von Google kennen. Dabei werden die zwei Funktionen Map und Reduce implementiert.

Die Funktionen eines View werden standardmäßig in JavaScript geschrieben. Da die interne Datenrepräsentation der gespeicherten Dokumente im JSON-Format erfolgt (JavaScript Object Notation), lag die Verwendung von JavaScript nahe. Mit der entsprechenden Konfiguration können Sie diesen Umstand auch ändern und eine andere Sprache verwenden. Da Views zur Abfragezeit aktualisiert werden, kann es unter Umständen länger dauern, wenn mehrere tausend Dokumente indexiert werden müssen. Das Aktualisieren von Views können Sie auch durch einen externen Prozess auslösen. Zum Beispiel ist es möglich, in der Sektion *update_notification* in der Konfigurationsdatei einen externen Prozess einzubinden, der die Views aktualisiert. Die Update Notification wird dann ausgelöst, wenn ein Dokument in der Datenbank gespeichert wird.

Das Map/Reduce-Verfahren

Map/Reduce ist durch Google bekannt geworden. Es ist nicht nur ein von Google implementiertes Framework, sondern auch ein Programmierparadigma. Es dient vor allem der parallelen Verarbeitung von großen Datenmengen und ist der funktionalen Programmierung zuzuordnen. Funktionale Programmierung erfüllt im Zusammenhang mit Map/Reduce folgende Bedingungen:

- Funktionale Operationen modifizieren keine Datenstrukturen. Sie kreieren immer nur neue.
- Die ursprünglichen Daten existieren immer in unmodifizierter Form.
- Die Datenflüsse sind implizit.
- Die Reihenfolge der Operationen ist für das Ergebnis irrelevant: (a()+b()=c, b()+a()=c).

Im Folgenden wird kurz der Ansatz und die Funktionsweise dieses Paradigmas erläutert. Für Views in CouchDB ist es wichtig, diese Grundprinzipien zu verstehen. Gerade für Entwickler, die mit SQL vertraut sind, ist es am Anfang schwierig, sich Abfragen nicht mehr in SQL-Statements vorzustellen, gerade weil einem bisher eine Datenbank immer als eine Ansammlung verschieden strukturierter Tabellen geläufig war. Diese Tabellen enthalten, jede für sich, Daten eines bestimmten Schemas. Wenn Sie also Ihre Daten abfragen, werden Sie sicherlich von *JOINS* Gebrauch machen. Sie werden Ihre Daten auch mit einem *WHERE*-Statement filtern wollen und bestimmte Daten mit einer *GROUP*-Funktion aggregieren.

Das alles können Sie auch mit dem Map/Reduce-Ansatz bewerkstelligen, nur in einer anderen Form. In CouchDB gibt es bekanntlich keine Tabellen, sondern nur Dokumente. Die Art der im Dokument gespeicherten Daten erklärt das Dokument selbst. Dazu wird das *Duck-Typing* verwendet; konventionell wird hierfür die Eigenschaft *type* definiert. Die Dokumente in CouchDB sind in der Schlüssel/Wert-Form gespeichert, wobei der *Schlüssel (key)* die jeweilige *DocID* des Dokuments und der Wert *(value)* das entsprechende Dokument ist. Somit kann man sich die in CouchDB gespeicherten Dokumente als eine Art Liste von Schlüsseln und Werten vorstellen. Beim Suchen, Filtern, Sortieren und Indexieren werden alle Dokumente durchlaufen.

Während Sie in einem seriellen Prozess die einzelnen Dokumente im Gesamtkontext betrachten können, ist das bei der parallelen Verarbeitung nicht möglich. In einem zweistufige Prozess werden deshalb die Daten zuerst unabhängig voneinander gefiltert und in eine Form gebracht, die einen Kontext herstellt.

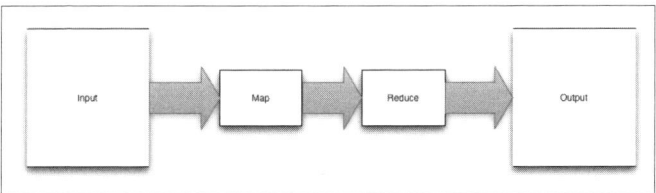

Abbildung 8-1: Überblick Map/Reduce

Dieser Kontext, die Map, wird nun in einem zweiten, optionalen Prozess, der auch parallel durchgeführt werden kann, verwendet, um ein Ergebnis zu berechnen. Die Verarbeitung mit Map/Reduce lässt sich somit in die Map-Phase und die Reduce-Phase unterteilen.

Map-Phase

In der Map-Phase werden zu dem einzelnen Dokument ein oder mehrere Key/Value-Pairs gebildet. Diese Paare werden dann in einer Liste zwischengespeichert, der sogenannten Map.

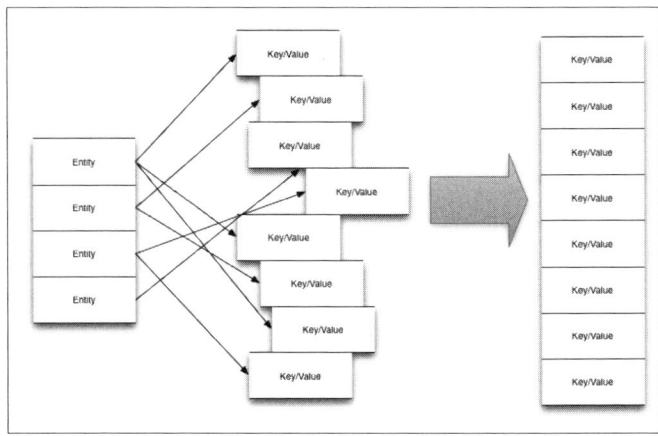

Abbildung 8-2: Überblick Map-Phase

Der Schlüssel muss dabei nicht dem Schlüssel des Dokuments entsprechen. Er dient vielmehr der Bildung des Kontexts für die darauf folgende Reduce-Operation. In der Map-Phase können entsprechende Filtermechanismen angewendet werden. So könnten Sie zum Beispiel nur solche Werte in der Map zwischenspeichern, die bestimmten Kriterien entsprechen. Die definierte Map-Funktion wird dabei für jedes Dokument in der Datenbank angewendet, bis auf die speziellen Designdokumente.

Reduce-Phase

Die Reduce-Phase kann erst gestartet werden, wenn alle Map-Funktionen durchgelaufen sind. In der Reduce-Phase werden die in der Map gespeicherten Key/Value-Pairs zu einem Ergebnis verarbeitet.

Zuvor werden die Einträge in der Map nach den jeweiligen Schlüsseln sortiert. Die Reduce-Phase kann in CouchDB auch in mehreren Stufen erfolgen. Dabei wird die jeweilige Reduce-Methode mit dem Output der Reduce-Methode erneut aufgerufen. CouchDB speichert die Ergebnisse in den jeweilgen B-Tree-Knoten. Das erlaubt

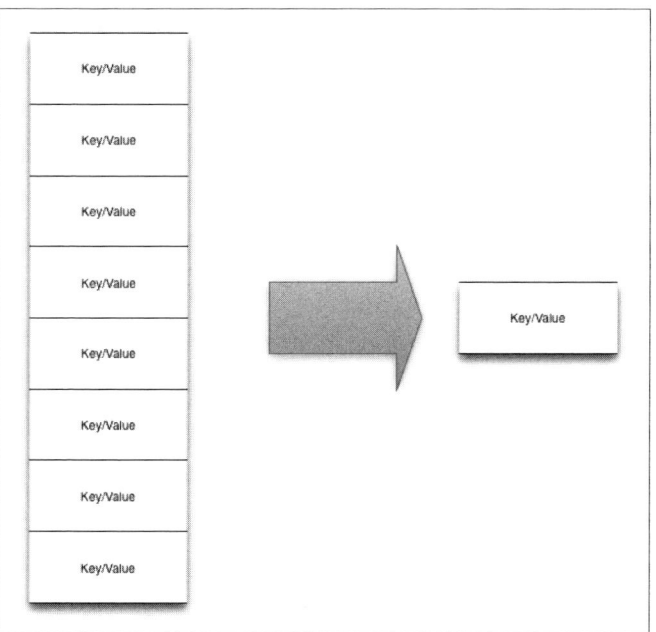

Abbildung 8-3: Überblick Reduce-Phase

CouchDB, die gespeicherten Werte erneut zu verwenden, wenn der B-Tree aktualisiert wird, was die Performance erheblich verbessert. Die Ergebnisse einer Reduce-Funktion sollten somit entsprechend klein sein. Wenn große Datenmengen zwischengespeichert werden, geht das zu Lasten der Performance. CouchDB gibt in so einem Fall einen *reduce_overflow*-Fehler aus.

Beispiel

An einem Beispiel ist die Funktionsweise von Map/Reduce sicherlich besser zu verstehen. Nehmen wir an, Ihre Daten sind nichts weiter als einfache Formen wie Vierecke, Dreiecke, Sterne usw. Davon liegt Ihnen eine bestimmte Menge vor. Sie möchten nun die einzelnen Formen zählen und diesen Prozess über Map/Reduce parallelisieren.

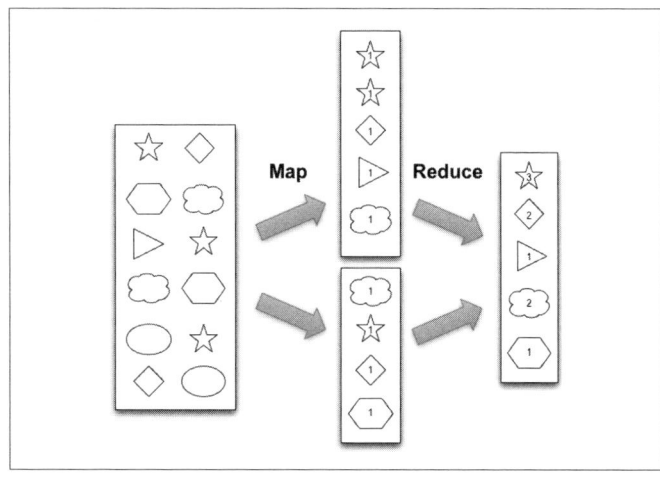

Abbildung 8-4: Beispiel: Zählen von Formen

In der Map-Phase werden die Formen von zwei unabhängigen Prozessoren in eine Liste mit Zwischenergebnissen gespeichert. Dabei wird jede Form zusammen mit dem Wert 1 für ihr Vorkommen hinterlegt. In dieser Phase werden auch die Ellipsen herausgefiltert. In der Liste mit Zwischenergebnissen stellt die Form also den Schlüssel dar, und der Wert ist jeweils 1. In der Reduce-Phase werden diese Werte dann je Schlüssel summiert. Als Ergebnis der Reduce-Phase erhalten Sie eine Liste mit Formen und ihrer jeweiligen Anzahl.

Sie könnten natürlich die ursprüngliche Datenmenge auch mit einer einfachen FOR-Schleife durchlaufen und dabei die Vorkommen zählen, jedoch wäre dieser Prozess sequenziell und nicht parallel. Stellen Sie sich den Prozess mit etwa 5.231.418.016.559.888 Formen vor. Mit einem sequenziellen Prozess würden Sie wesentlich mehr Zeit für die Aufgabe benötigen als mit einem parallelen. Sie können die Daten in beliebig große Einheiten zerteilen und den

Map-Prozess auf entsprechend viele Prozessoren verteilen. Den Reduce-Prozess könnten Sie auf so viele Prozessoren verteilen, wie es unterschiedliche Shapes gibt. Mit einem parallelen Prozess würden Sie also wesentlich schneller zum Ziel kommen.

Aufbau eines View

Ein CouchDB-View besteht aus zwei Komponenten, der Map- und der Reduce-Funktion. Die Reduce-Funktion ist optional und muss nicht definiert werden. Wenn Sie auf eine Reduce-Funktion verzichten, werden die Ergebnisse der Map-Phase ausgegeben.

Map-Funktion

Hier sehen Sie ein Beispiel für eine sehr einfache Map-Funktion:

```
function(doc) {
   emit(null, doc);
}
```

Diese Funktion erzeugt eine einfache Liste von sämtlichen Dokumenten in der Datenbank. Eine Map-Funktion wird von CouchDB mit einem einzigen Parameter aufgerufen. Dieser enthält das gerade zu verarbeitende Dokument. Auf die einzelnen Eigenschaften des Dokuments können Sie über die Punktnotation zugreifen. So können Sie zum Beispiel mit doc._id auf die ID des jeweiligen Dokuments zugreifen. Um nun Ergebnisse zu erzeugen, müssen Sie in der Ergebnisliste bzw. der Zwischenergebnisliste mindestens einen Eintrag vornehmen. Das können Sie mit der Funktion *emit* erreichen. Das hier sind die beiden Parameter der Funktion:

key   -
   Der Schlüssel innerhalb der Ergebnisliste

value   -
   Der passende Wert innerhalb der Ergebnisliste

Sie können die *emit*-Funktion auch mehrmals innerhalb der Map-Funktion aufrufen, was zu mehreren Einträgen in der Ergebnisliste führt. Sollten Schlüssel oder Wert undefined sein, wird kein Eintrag in der Liste vorgenommen, genauso als würde die *emit*-Funktion

nicht aufgerufen werden. Über diese Möglichkeiten können Sie Ihre
Daten filtern. Im folgenden Beispiel wird nur für jedes Dokument
vom Typ *"task"* eine Zeile im View erzeugt, wobei als Wert ein
JSON-Objekt mit den Eigenschaften name und until eingetragen
wird.

```
function (doc) {
    if(doc.type == "task") {
        emit(null, {name: doc.subject, until:doc.duedate});
    }
}
```

Beachten Sie dabei, dass Sie nicht das gesamte Objekt als Wert
übergeben müssen, sondern auch neue Werte bilden können.
Wenn Sie die Daten später sortieren oder filtern wollen, können Sie
das über den *Schlüssel* lösen.

Dabei tragen Sie als *Schlüssel* genau den Wert ein, den Sie später
sortieren oder filtern wollen. Wenn Sie also die dringendsten Aufgaben als Erstes in der Liste haben wollen, setzen Sie das Fälligkeitsdatum auch als *Schlüssel*. Dabei wandeln Sie das gespeicherte
Datum in einen UTC-Timestamp um, womit eine millisekundenge-
naue Sortierung möglich wird.

```
function (doc) {
    if(doc.type == "task") {
        var dateArr = doc.duedate.split("/");
        emit(Date.UTC(dateArr[2],dateArr[1],dateArr[0]), {name:
doc.subject, until:doc.duedate});
    }
}
```

Das Ergebnis wird automatisch nach dem Schlüssel aufsteigend
sortiert. Wenn Sie es absteigend sortiert haben wollen, müssen Sie
dafür nur den Parameter descending mit true übergeben. Das
Ergebnis des View könnte so aussehen:

```
{
   "total_rows":4,
   "offset":0,
   "rows":[
     {
        "id":"c6c6cb8e5b7f743d2ef3dbeb14d9684c",
```

```
         "key":1267488000000,
         "value":{
            "name":"Butter kaufen",
            "until":"02/02/2010"
         }
      },
      {
         "id":"e01d4ad295138e378034ef2957900b11",
         "key":1267574400000,
         "value":{
            "name":"Auto umparken",
            "until":"03/02/2010"
         }
      },
      {
         "id":"27e2f1a54606f0883e2f8891b5bf500f",
         "key":1267660800000,
         "value":{
            "name":"Backup machen",
            "until":"04/02/2010"
         }
      },
      {
         "id":"02749279e56fa7a055890d921b115254",
         "key":1267833600000,
         "value":{
            "name":"Videorekorder programmieren",
            "until":"06/02/2010"
         }
      }
   ]
}
```

Die Map-Funktion wird auf jedes Dokument der Datenbank angewandt, bis auf die Designdokumente. Erst wenn alle Map-Funktionen durchgelaufen sind, wird die Ergebnisliste weitergegeben. Die *emit*-Funktion können Sie sich als einfache Methode vorstellen, die Key/Value-Pairs in einem Array speichert. Ab diesem Zeitpunkt wird entweder die Reduce-Phase eingeleitet oder die Ergebnisliste direkt ausgegeben.

Das Ergebnis einer Map-Funktion für ein Dokument X muss zu jedem Zeitpunkt gleich sein. Mit der sogenannten referenziellen

Transparanz kann CouchDB die Views inkrementell aktualisieren. Die inkrementelle Aktualisierung ist einer der Eckpfeiler der Leistungsfähigkeit von CouchDB.

HINWEIS

Referenzielle Transparenz ist eine wichtige Eigenschaft des deklarativen Programmierparadigmas und somit auch der funktionalen Programmierung. Dabei darf der Wert oder das Ergebnis einer Funktion nur von seiner Umgebung bzw. den Eingangsparametern abhängen, jedoch nicht vom Zeitpunkt der Ausführung der Funktion.

Reduce-Funktion

Für einen View in CouchDB ist es jedoch nicht notwendig, eine Reduce-Methode zu implementieren. Sie können auch nur mit einer Map-Funktion arbeiten, wobei die Ergebnisse der Map-Funktion als Map zurückgegeben werden. Trotzdem können Sie mit Reduce-Funktionen Vieles umsetzen, und für bestimmte Views sind sie sogar unverzichtbar. Die Möglichkeiten der Reduce-Funktion werden oft nicht richtig verstanden, was zu Performanceproblemen führen kann. Was mit einer geringen Datenmenge kein Problem darstellt, kann bei größeren Datenmengen zu einem ausgewachsenen Problem werden.

Wie sich aus dem Namen ableiten lässt, geht es hier um das Reduzieren. Die Funktion soll die eingehenden Werte (Liste) zu einem Wert kombinieren. Man kann also sagen, dass das Ergebnis der Reduce-Phase kleiner sein muss als die zwischengespeicherten Ergebnisse. Ab CouchDB 0.10 gibt es sogar eine Fehlermeldung, wenn Sie die Methode in dieser Hinsicht falsch verwenden. Sobald ein solches Problem erkannt wurde, wird ein *reduce_overflow_error* ausgegeben. Das Ergebnis einer Reduce-Funktion sollte immer ein einfacher Wert wie ein Skalar, ein Integer, ein einfaches Objekt oder eine Liste mit definierten Längen sein.

Die Reduce-Funktion wird für das Aggregieren der Zwischenergebnisse verwendet. Dabei werden die übermittelten Teilergebnisse zu einem Wert zusammengefasst. Die Eingabewerte entsprechen den Ausgabewerten der Map-Funktion und den Ausgabewerten der Reduce-Funktion selbst. Der Parameter reduce wird dann mit dem Wert true übergeben, wenn der Eingabewert gleich dem Ausgabewert ist und somit die Funktion rekurrent aufgerufen wird. Die Reduce-Funktion wird so lange aufgerufen, bis ein einziger Ergebniswert feststeht. Dabei können Sie dieses Verhalten mit der Gruppierungsfunktion beeinflussen. Ein einfaches Beispiel für die Aggregation mit einer Reduce-Funktion ist das Summieren von Werten:

```
function (keys, values, rereduce) {
    return sum(values);
}
```

Eine Reduce-Funktion muss zwei Möglichkeiten behandeln: Einmal, wenn der Parameter rereduce true ist, und einmal, wenn er false ist. Die Eingangswerte unterscheiden sich so:

rereduce=false:

In diesem Fall ist der Eingangsparameter keys ein Array in der Form [key,id]. Dabei entspricht jeder *key* dem von der Map-Funktion eingetragenen Schlüssel, die *id* ist die *DocID* des jeweiligen Dokuments, bei dem der Eintrag vorgenommen wurde. Der Parameter Values ist ein Array mit den entsprechenden Werten zu den übermittelten Schlüsseln. Beispiel:

Keys: [key1,id1], [key2,id2], [key3,id3]

Values: value1,value2,value3

rereduce: false

rereduce=true:

Der Parameter keys ist in dieser Phase null. Der Parameter values ist nun ein Array mit den Rückgabewerten vorheriger Aufrufe der Reduce-Funktion. Beispiel:

Keys: null

Values: intermediate1,intermediate2,intermediate3

rereduce: true

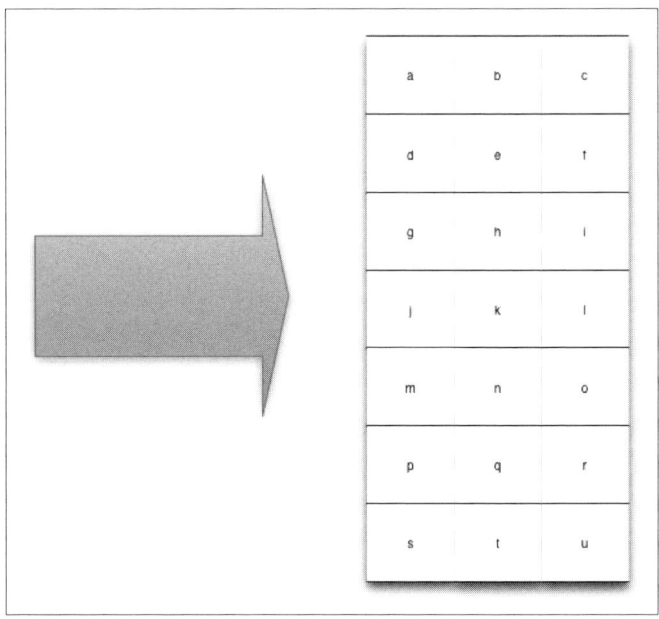

Abbildung 8-5: Beispiel: Reduce-Phase Input

In vielen Fällen können Sie Reduce-Funktionen implementieren, die
einen Rereduce-Fall nicht weiter berücksichtigen müssen. Operationen wie eine einfache Summierung benötigen keine separate
Reduktion. Bei der Verarbeitung von großen Datenbankobjekten
wird die Reduce-Funktion mehrstufig ausgeführt. Dabei wird die
Zwischenergebnisliste in kleinere Stapel zerlegt, die einzeln verarbeitet werden. Die Teilung erfolgt an einer beliebigen Stelle im
B-Tree. Der mehrstufige Prozess führt somit auch zu mehreren Teilergebnissen, die dann durch einen erneuten Aufruf der Reduce-
Funktion mit den jeweiligen Teilergebnissen zu einem Ergebnis
führen soll. Nehmen wir zum Beispiel an, die Map-Phase hat folgende Werte in das Zwischenergebnis gespeichert, was nun von der
Reduce-Funktion verarbeitet wird.

CouchDB unterteilt dieses Zwischenergebnis in mehrere Stapel.

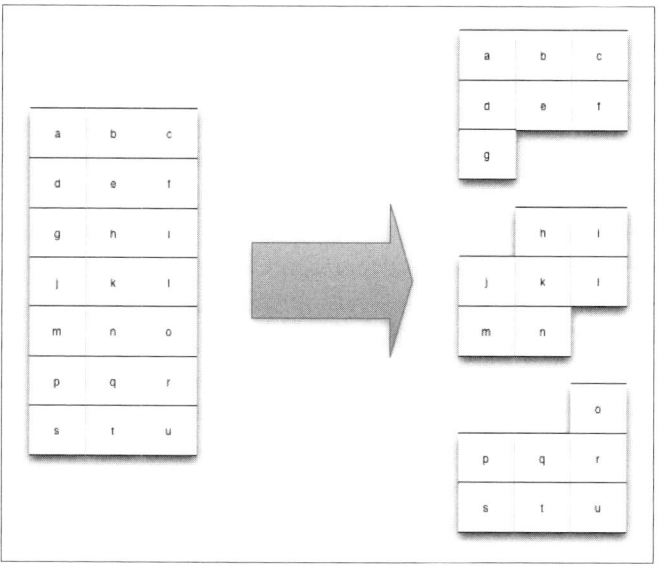

Abbildung 8-6: Beispiel: Reduce-Phase Aufteilung

Die Ausgabe des ersten Aufrufs der Reduce-Funktion führt zu folgendem Ergebnis:

Um ein Gesamtergebnis zu ermitteln, wird die Reduce-Funktion erneut aufgerufen, wie schon beschrieben, (rereduce=true) um das Endergebnis zu ermitteln (Abbildung 8-8).

Nehmen wir an, ein weiterer Benutzer verwendet die Parameter startkey und endkey, um ein Teilergebnis zu erhalten (Abbildung 8-9).

Dabei wird der erste Aufruf der Reduce-Funktion nur für die Werte aus R1a und R3a ausgeführt, da CouchDB das Ergebnis der Reduce-Funktion für R2 schon zwischengespeichert hat. Im nächsten Schritt werden dann R1a, R3a und R2 zu einem Ergebnis zusammengefasst. Es ist also nicht sichergestellt, dass der erste Auf-

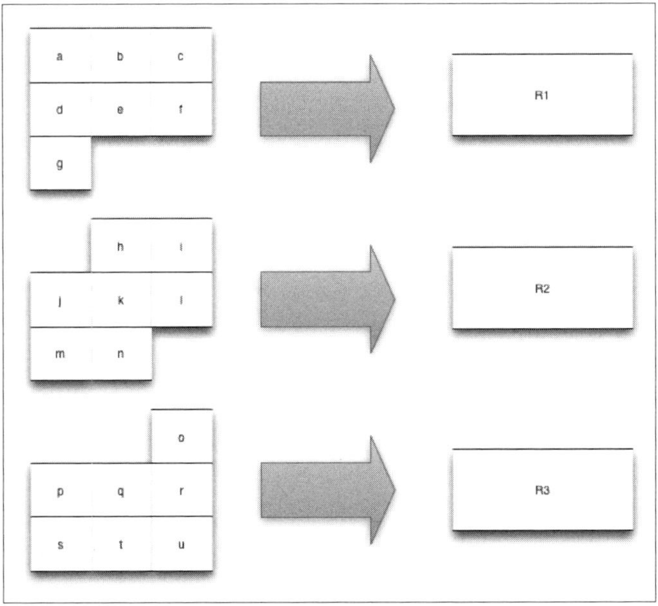

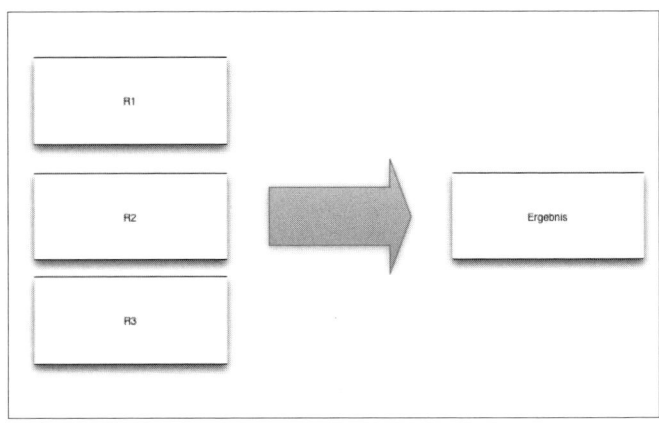

Abbildung 8-7: Beispiel: Reduce-Phase Zwischenergebniss

Abbildung 8-8: Beispiel: Reduce-Phase Endergebnis

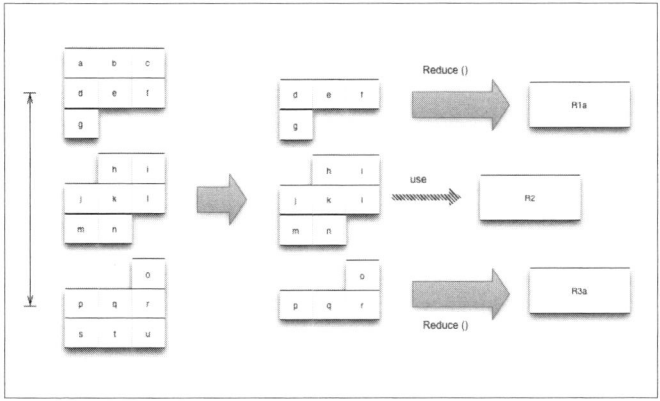

Abbildung 8-9: Beispiel: Reduce-Phase – anderer Abfragebereich unter Verwendung von Zwischenergebnissen

ruf der Reduce-Funktion für alle Teilergebnisse ausgeführt wird. Somit können Sie auch keine Art von Zustand in der einen Phase speichern, den Sie in der nächsten Phase für eine weitere Verarbeitung benötigen. Da nun die Teilung in einzelne Stapel an beliebigen Stellen innerhalb des B-Tree erfolgen kann, ist es auch falsch, Querverweise auf angrenzende Dokumente vorzunehmen. Jede Form dieser Querverweise sollte auf dem Client behandelt werden und nicht in einer Reduce-Funktion.

Beim Entwickeln einer Reduce-Funktion ist es unumgänglich, im Hinterkopf zu behalten, dass die Funktion für die Eingabewerte x,y zu jedem Zeitpunkt dasselbe Ergebnis z haben sollte. Außerdem ist es wichtig, sich bewusst zu machen, dass eine Reduce-Funktion in der Lage sein muss, das eigene Ergebnis erneut zu verarbeiten.

```
f(key,values) = f(key,[f(key,values)])
```

So ist CouchDB in der Lage, die Zwischenergebnisse einer Reduktion direkt in den jeweiligen Knoten des B-Tree-Index zu speichern. Dadurch beschleunigen sich nicht nur die Zugriffe auf die jeweiligen Daten, sondern die Indizes können auch auf verschiedene Maschinen verteilt werden.

Reduce-Funktionen können öfter aufgerufen werden, dabei muss die Reihenfolge des Aufrufs gleichgültig sein.

```
a+b = b+a
```

Außerdem hat man keine Kontrolle darüber, an welcher Stelle innerhalb des B-Tree eine Teilung erfolgt. Dafür ist es wichtig zu wissen, dass nicht in jedem Aufruf der Reduce-Funktion auch alle Werte des Zwischenergebnisses zur Verfügung stehen. Vielmehr sollte man sich die Reduktion innerhalb der Reduce-Funktion als weiteres Teilergebnis vorstellen, das dann zusammen mit anderen Teilergebnissen erneut zu einem endgültigen Ergebnis reduziert wird (*re-reduce*). Zu guter Letzt sollten Sie im Hinterkopf haben, dass es bei einer Reduce-Funktion immer um das Reduzieren geht. Also sollte das Ergebnis nicht größer und komplexer als die Eingangsparameter sein.

Bei einem einfachen Aufruf des View führt die Reduce-Funktion zu einem Ergebnis für alle Teilergebnisse. Der Parameter group wäre für diesen Fall false. Wenn Sie die Parameter startkey und endkey verwenden, erhalten Sie ein Ergebnis für den Bereich zwischen den Schlüsseln. Dieses Verhalten können Sie beeinflussen. Wenn Sie group=true übergeben, gruppiert CouchDB die Zwischenergebnisse für die Werte, die denselben Schlüssel haben. Dabei bildet die Reduce-Funktion ein Ergebnis je Gruppe.

Der Parameter group_level=N führt die Reduce-Funktion im Modus group=false für jeden Intervall N aus. Wenn Sie komplexe Schlüssel wie diese hier verwenden,

```
["a",1,1]
["a",3,4]
["a",3,8]
["b",2,6]
["b",2,6]
["c",1,5]
["c",4,2]
```

wird bei group_level=1 intern die Reduce-Funktion dreimal aufgerufen, und zwar für jeden ersten Teil des vorkommenden Schlüssels. Also jeweils einmal für alle a-, b- und c-Zeilen. Wenn Sie group_level=2 verwenden, wird die Operation fünfmal ausgeführt.

Für jede mögliche Kombination aus dem ersten und dem zweiten Element des Schlüssels:

```
["a",1],
["a",3],
["b",2],
["c",1],
["c",4]
```

Wenn Sie `group_level=exact` verwenden, ist das konzeptionell gleichbedeutend mit `group=true`. Hier wird für jedes Vorkommen eines Schlüssels die Reduce-Funktion einmal aufgerufen.

```
["a",1,1],
["a",3,4],
["a",3,8],
["b",2,6],
["c",1,5],
["c",4,2]
```

Keys und Values

Die Schlüssel in CouchDB selbst müssen keine einfachen Werte wie Strings und Integer sein. Sie können genauso gut komplexe Schlüssel verwenden. Zum Beispiel könnten Sie ein JSON-Objekt oder ein Array als Schlüssel verwenden, was Ihnen in bestimmten Fällen Vorteile bringt. Die Sortierung von Dokumenten bzw. Ergebnissen erfolgt aufsteigend über den definierten Schlüssel. CouchDB selbst speichert innerhalb des B-Tree die Schlüssel in der Form [key,DocID]. Schlüssel in CouchDB können also auch so aussehen:

- `763606b9709a267cf45cb1e97c1641a9`
- `[Jahr, Monat, Tag]`
- `{country:"german",town:"berlin",zipcode:"10437"}`

Mit komplexen Schlüsseln haben Sie mehr Möglichkeiten, um die Ausgabe des View zu beeinflussen. Sie können die Werte sortieren, gruppieren oder über verschiedene Stufen aggregieren (group_ level).

Im folgenden Beispiel werden mit einer Map-Funktion Kunden und Bestellungen zurückgegeben. Weil die Bestellungen als Schlüssel die ID des jeweiligen Kunden enthalten und zusätzlich noch der

Wert 1 hinzugefügt wird, werden hier die Bestellungen nach der Kunden-ID sortiert.

```
function(doc) {
  if (doc.Type == "customer") {
    emit([doc._id], doc);
  } else if (doc.Type == "order") {
    emit([doc.customer_id, 1], doc);
  }
}
```

Die Bestellungen des Kunden folgen direkt dem Kunden-Datensatz, weil der Schlüssel für die Sortierung beim Kunden kleiner ist als der für die zugehörigen Bestellungen. Das Ergebnis der Funktion würde die Einträge entsprechend sortieren:

```
...
[8988], {name: "customer1",.....}
[8988,1], {orderId: 238228,items:[...]...}
[8988,1], {orderId: 888573,items:[...]...}
[8987], {name: "customer1",.....}
[8987,1], {orderId: 567399,items:[...]...}
[8987,1], {orderId: 888372,items:[...]...}
[8987,1], {orderId: 093845,items:[...]...}
[8987,1], {orderId: 988787,items:[...]...}
...
```

Sortierung

Die Sortierung der Schlüssel erfolgt bei Views in folgender Reihenfolge:

1. spezielle Werte
Diese haben vor allen anderen Vorrang.

```
null, false, true
```

2. numerische Werte

```
1,2,3.0,4
```

3. Strings
Bei Zeichenketten wird zwischen Groß- und Kleinbuchstaben unterschieden.

```
a,A,aa,b,B,ba,bb
```

4. Arrays

Arrays werden Element für Element verglichen, bis die Elemente unterschiedlich sind.

```
["a"]
["b"]
["b","c"]
["b","c", "a"]
["b","d"]
["b","d", "e"]
```

5. Objekte

Bei Objekten werden alle Key/Value-Pairs verglichen, bis sie einen Unterschied aufweisen. Größere Objekte werden nach ihren Unterobjekten sortiert. Die Reihenfolge, in der die Eigenschaften im Objekt definiert wurden, spielt in CouchDB eine Rolle, anders als bei der herkömmlichen JavaScript-Engine.

```
{a:1}
{a:2}
{b:1}
{b:2}
{b:2, a:1}
{b:2, c:2}
```

Vergleiche der Strings werden über ICU realisiert, die den *Unicode Collation Algorithmus* implementiert. Das kann zu überraschenden Ergebnissen führen, wenn man eine ASCII-Sortierung erwartet.

- Alle Symbole haben Vorrang vor Zahlen und Buchstaben, auch bei Symbolen mit einem hohem ASCII-Wert wie ~ (0x7e).
- Zeichenketten unterschiedlicher Länge werden unabhängig von Groß- und Kleinschreibung behandelt (a<aa, A<aa und a<AA).
- Zeichenketten gleicher Länge werden über Groß- und Kleinbuchstaben verglichen, wobei Kleinbuchstaben Vorrang haben (a<A).

Ganz besonders müssen Sie aufpassen, wenn Sie Bereiche zwischen zwei Schlüsseln über Strings selektieren.

Wenn Sie zum Beispiel die Anfrage

```
startkey="Abc"&endkey="AbcZZZZZ"
```

stellen, werden Sie Werte mit den Schlüsseln "ABC" der "abc1", jedoch nicht mit "abc" finden. Die Sortierreihenfolge, die durch den Unicode Collation Algorithmus erfolgt, würde in etwa so aussehen:

```
abc < Abc < ABC < abc1 < AbcZZZZZ
```

Das Problem lässt sich vermeiden, indem Sie den startkey zunächst in Kleinbuchstaben umwandeln. Bei komplexen Schlüsseln hat die Sortierspezifikation die Konsequenz, dass gemischte Objekte nachrangig behandelt werden, da Arrays Objekten vorgezogen werden.

```
startkey=["foo"]&endkey=["foo",{}]
```

Diese Abfrage berücksichtigt die Arrays ["foo","bar"] oder ["foo",["bar","baz"]], jedoch keine Werte mit dem Schlüssel ["foo",{"an":"object"}].

Der spezielle View _all_docs verwendet hingegen eine ASCII- statt einer UCA-Sortierung.

```
startkey="_design/"&endkey="_design/ZZZZZZZZ"
```

Diese Abfrage wird das Designdokument "_design/abc" nicht finden, da "Z" vor "a" in einer ASCII-Sequenz kommt. Besser wäre es, in diesem Fall

```
startkey="_design/"&endkey="_design0"
```

zu verwenden.

Um vielleicht noch ein wenig Leistung aus den Views zu kitzeln, können Sie über "options":{"collation":"raw"} innerhalb der View-Definition die native Erlang-Sortierung aktivieren, vor allem wenn Sie keine UCA-Sortierung benötigen. Die ergibt im Gegensatz zu oben eine andere Sortierung:

1. 1
2. false

---

3. null

4. true

5. {"a":"a"},

6. ["a"]

7. "a"

In dem Fall sind die Zeichen {} keine Option mehr für einen hohen Wert innerhalb von Schlüsselbereichen. Verwenden Sie stattdessen Zeichen wie ~~.

Views anlegen und speichern

Views werden in den sogenannten Designdokumenten abgelegt. Dabei werden Sie in dem Attribut views hinterlegt. Jeder Schlüssel dieses Attributs stellt einen View dar, der wiederum aus einer Map und optional aus einer Reduce-Funktion besteht. Ein Designdokument, das Views enthält, die alle Kunden, die Kunden nach Ihren Vornamen und die Gesamtumsätze je Kunde anzeigen, könnte in etwa so aussehen:

```
{
  "_id":"_design/company",
  "_rev":"12345",
  "language": "javascript",
  "views":
  {
    "all": {
      "map": "function(doc) { if (doc.Type == 'customer')
emit(null, doc) }"
    },
    "by_lastname": {
      "map": "function(doc) { if (doc.Type == 'customer')
emit(doc.LastName, doc) }"
    },
    "total_purchases": {
      "map": "function(doc) { if (doc.Type == 'purchase')
emit(doc.Customer, doc.Amount) }",
      "reduce": "function(keys, values) { return sum(values) }"
    }
  }
}
```

Die Eigenschaft language definiert die Sprache, in der die Views definiert sind (siehe ViewServer in Kapitel 3, *Konfiguration*). Der Standardwert dafür ist JavaScript.

Das Anlegen eines View funktioniert also genau wie das Anlegen eines Dokuments, wobei Views nicht einzeln angelegt werden. Views werden immer im Zusammenhang mit einem Designdokument angelegt und gespeichert.

Views abfragen

Views können über die jeweilige URL mit der *GET*- oder *POST*-Methode abgefragt werden. Hier sehen Sie Beispiele für View-Aufrufe:

GET /dbname/_design/designdoc/_view/viewname

GET /todoapp/_design/todoapp/_view/tasks

POST /todoapp/_design/todoapp/_view/tasks

Folgendes Beispiel zeigt die Ausführung eines View, der die Aufgabe hat, zu einem Benutzer gespeicherte Aufgaben auszugeben.

```
curl -vX GET http://127.0.0.1:5984/todoapp/_design/todoapp/_
view/tasks
> GET /todoapp/_design/todoapp/_view/tasks HTTP/1.1
< HTTP/1.1 200 OK
< Etag: "34EBOJYH8F3KOXZ6BPY4OJTJP"
< Content-Type: text/plain;charset=utf-8
{
    "total_rows":4,
    "offset":0,
    "rows":[
        {
            "id":"02749279e56fa7a055890d921b115254",
            "key":"02749279e56fa7a055890d921b115254",
            "value":{
                "_id":"02749279e56fa7a055890d921b115254",
                "_rev":"2-0364d37e86c5968f29c90da029994f30",
                "user":"bob",
                "subject":"neuer task",
                "priority":"high",
```

```
              "duedate":"06/02/2010",
              "description":"",
              "type":"task",
              "completed":false
          }
      },
      {
          "id":"27e2f1a54606f0883e2f8891b5bf500f",
          "key":"27e2f1a54606f0883e2f8891b5bf500f",
          "value":{
              "_id":"27e2f1a54606f0883e2f8891b5bf500f",
              "_rev":"2-4ecee4a468224effd5700cee1dcbc8f7",
              "user":"bob",
              "subject":"mein task",
              "priority":"high",
              "duedate":"04/02/2010",
              "description":"",
              "type":"task",
              "completed":false
          }
      }
    ]
}
```

Für das Abfragen von Views gibt es verschiedene Optionen, die als Parameter übergeben werden können.

GET ?key="keyvalue"

Die Ausgabe des View wird hierauf nur Einträge enthalten, die unter dem übergebenen Schlüsselwert in der Map abgelegt wurden. Wenn Sie zum Beispiel ein Datum als *Key* verwendet haben, können Sie über diese Option alle Einträge zu einem Datum abrufen.

POST -d '{"keys": ["key1", "key2", ...]}'

Über die POST-Operation können Sie mehrere *Keys* übergeben. Der View würde dann die Einträge in der Map zurückliefern, die einem der Schlüssel entsprechen. Dabei werden die Einträge in der Reihenfolge sortiert, wie die Schlüssel übergeben werden. Kombinieren Sie diese Option mit der Option include_docs, können Sie darüber auch mehrere Dokumente gleichzeitig laden.

GET *?include_docs=true*
> Mit dieser Option werden die mit den Schlüsseln verbunde-
> nen Dokumente mitgesendet.

GET *?startkey=keyvalue&endkey=keyvalue*
> Liefert Einträge zurück, deren *Key* im Bereich zwischen *start-
> key* und *endkey* liegt. Beachten Sie hierbei die Hinweise zur
> Sortierung. Ein Anwendungsbeispiel wäre die Abfrage eines
> Zeitraums, wobei Sie dann das jeweilige Datum in einen Time-
> stamp oder Ähnliches umwandeln müssen, bevor Sie diesen
> Anwendungsfall für eine milliskundengenaue Sortierung ver-
> wenden.

GET *?startkey_docid=docid&endkey_docid=docid*
> Liefert alle Einträge zurück, deren *DocID* im Bereich zwischen
> *startkey_docid* und *endkey_docid* liegt. Beachten Sie dabei die
> Hinweise zur Sortierung. Wenn Sie so eine zeitliche Abfolge
> abbilden wollen, sollten Sie den UUID-Algorithmus in local.ini
> in der Section (uuid) auf utc_random umstellen. Dabei würden
> dann UUIDs erzeugt, die sich in einem zeitlichen Kontext sor-
> tieren lassen.

GET *?inclusive_end=true*
> Mit dieser Option können Sie bestimmen, ob der jeweilige *end-
> key* in der Antwort enthalten sein oder ausgeschlossen werden
> soll. Standardeinstellung ist true.

GET *?descending=true*
> Views werden nach den jeweiligen Schlüsseln sortiert. Mit die-
> ser Option können Sie diese Sortierung umkehren, um zum
> Beispiel nicht von A nach Z, sondern von Z nach A zu sortie-
> ren. Beachten Sie dabei, dass man gegebenenfalls startkey und
> endkey vertauschen muss.

GET *?limit=integer*
> Gibt die maximale Anzahl der zurückzuliefernden Einträge an.

GET *?skip=integer*
> Gibt die Anzahl von Zeilen an, die bei der Ausgabe übersprun-
> gen werden sollen. Diese Option funktioniert also wie ein
> sogenanntes Offset.

GET ?stale=ok

Mit dieser Option werden Views ohne Aktualisierung der zwischengespeicherten Ergebnisse ausgeführt. Dadurch wird die Geschwindigkeit, mit der der View ausgeführt wird, erheblich erhöht. Auf der anderen Seite müssen Sie jedoch damit leben, dass die Ergebnisse des View nicht unbedingt auf den neuesten Daten basieren. Diese Option ist insbesondere dann sinnvoll, wenn es sich um hochfrequentierte Views handelt. Die Aktualisierung der Zwischenergebnisse können Sie dann über einen separaten Prozess ausführen, in dem Sie den View ohne diese Option ausführen. Diese Option dient also in erster Linie der Verbesserung der Latenz von Views unter Verwendung schon bestehender Zwischenergebnisse. Sollten für Teile des Views keine Zwischenergebnisse vorliegen, werden diese erzeugt. Beim nächsten Mal wird dann auf diese zugegriffen, und der View wird noch schneller ausgeführt.

GET ?group=true

Wenn Sie group=true übergeben, gruppiert CouchDB aus den Zwischenergebnissen die Werte, die denselben Schlüssel haben. Dabei bildet die Reduce-Funktion ein Ergebnis je Gruppe.

GET ?group_level=integer

Der Parameter group_level=N führt die Reduce-Funktion im Modus group=false für jeden Intervall N aus. Lesen Sie dazu den Abschnitt über »Reduce-Funktion« auf Seite 116 in diesem Kapitel.

Views aufräumen

Ältere View-Ausgaben werden solange auf dem System gespeichert, bis Sie explizit gelöscht werden. Mit _view_cleanup können Sie diesen Prozess durchführen. Die Anfrage führen Sie unter Verwendung der Datenbank-URL mit einem POST-Befehl aus.

POST /dbname/_view_cleanup

POST /todoapp/_view_cleanup

Folgendes Beispiel zeigt einen View-Cleanup mit der in der Beispielanwendung verwendeten Datenbank.

```
curl -vX POST http://127.0.0.1:5984/todoapp/_view_cleanup
> POST /todoapp/_view_cleanup HTTP/1.1
< HTTP/1.1 202 Accepted
< Content-Type: text/plain;charset=utf-8
{"ok":true}
```

Views verdichten (compaction)

Alte Versionen der View-Dokumente können Sie mit dem Befehl
_compact aus der Datenbank entfernen. Der _compact-Befehl wird
immer auf das Designdokument ausgeführt, das die entsprechenden Views definiert. Der Befehl wird per POST-Methode ausgeführt.

POST /dbname/_compact/designdoc/

POST /todoapp/_compact/todoapp

Das folgende Beispiel führt eine View-Compaction auf das Designdokument aus, das in der hier verwendeten Beispielanwendung
benutzt wird.

```
curl -vX POST http://127.0.0.1:5984/todoapp/_compact/todoapp
> POST /todoapp/_compact/todoapp HTTP/1.1
< HTTP/1.1 202 Accepted
< Content-Type: text/plain;charset=utf-8
{"ok":true}
```

KAPITEL 9

Transformationsfunktionen

In diesem Kapitel lernen Sie Transformationsfunktionen kennen. Sie lesen, wie Sie Dokumente in verschiedenen Formaten ausgeben, wie Sie Listen formatieren und wie Sie beim Speichern von Dokumenten Änderungen serverseitig vornehmen können.

Transformationsfunktionen sind optionale Funktionen, mit denen Sie mehr Kontrolle darüber erhalten, wie ein Dokument oder eine Liste ausgegeben wird oder wie ein Dokument in der Datenbank gespeichert wird. Ähnlich wie bei einem Servlet werden diesen Funktionen Informationen zum *Request* übergeben. Als Rückgabewert wird eine Form von *Response*, also Antwort erwartet, wobei diese *Response* bei Listenfunktionen nicht auf einmal gesendet werden muss.

Request-Objekt

Das *Request-Objekt* enthält diverse Informationen zur gestellten Anfrage, unter anderem den HTTP-Header, die Query und anderes. Das *Response-Objekt* ist wie folgt strukturiert:

```
{
    "docId":"meindoc",
    "info":{
        "db_name":"reveal",
        "doc_count":1,
        "doc_del_count":0,
        "update_seq":1,
        "purge_seq":0,
        "compact_running":false,
        "disk_size":4182,
        "instance_start_time":"1266067626093803",
```

```
      "disk_format_version":4
    },
    "method":"GET",
    "path":[
       "reveal",
       "_design",
       "reveal",
       "_show",
       "req",
       "meindoc"
    ],
    "query":{
       "myparam":"myvalue"
    },
    "headers":{
       "Accept":"text/html,application/xhtml+xml,application/
xml;q=0.9,*/*;q=0.8",
       "Accept-Charset":"ISO-8859-1,utf-8;q=0.7,*;q=0.7",
       "Accept-Encoding":"gzip,deflate",
       "Accept-Language":"de-de,de;q=0.8,en-us;q=0.5,en;q=0.3",
       "Authorization":"Basic YWRtaW46c2VjcmV0",
       "Connection":"keep-alive",
       "Host":"127.0.0.1:5984",
       "Keep-Alive":"300",
       "User-Agent":"Mozilla/5.0 (Macintosh; U; Intel Mac OS X
10.5; de; rv:1.9.1.7) Gecko/20091221 Firefox/3.5.7"
    },
    "body":"undefined",
    "form":{

    },
    "cookie":{

    },
    "userCtx":{
       "db":"reveal",
       "name":"admin",
       "roles":[
          "_admin"
       ]
    }
}
```

Die Elemente innerhalb eines *Request-Objekts* haben folgende Bedeutung:

---

docId

Die angefragte *DocID*, ab der Version 0.11.0 von CouchDB heisst dieser Parameter id.

body

Body der *POST*-Anfrage. Bei *GET*-Anfragen ist dieser Wert standardmäßig undefined.

cookie

Cookie-Informationen, die vom Client mitgesendet werden

form

Wenn der Content-Type "application/x-www-form-urlenco-ded" ist, enthält dieses Feld eine decodierte Version des *Body*. Ansonsten enthält dieses Feld dieselben Daten wie der *Body*.

info

Info-Objekt, das Informationen zur Datenbank enthält. Gleiche Ausgabe wie bei einem *GET-Request* auf die URL einer Datenbank (*http://127.0.0.1:5984/dbname/*).

path

Array mit Pfadelementen zum Aufruf

query

Decodierte Version der Query-Parameter. Die jeweiligen Parameter stehen als Eigenschaft dieses Objektes zur Verfügung (*req.query.myparam*).

method

Angabe über die jeweilige HTTP-Methode der Anfrage (GET, POST, PUT etc.). Noch in der Version 0.10.x von CouchDB hieß dieses Element *verb*.

userCtx

Enthält ein Objekt zum Benutzer. Dieses Objekt können Sie für Abfragen bezüglich Benutzer-/Rollenverhalten Ihrer Funktion verwenden.

Response-Objekt

Der Rückgabewert einer Transformationsfunktion ist das Reponse-Objekt. Das folgende Beispiel zeigt ein einfaches Response-Objekt.

```
{
    "code":200,
    "headers":{
        "Content-Type":"text/html"
    },
    "body":"<html><head></head><body><h1>Hello World</h1></body>
</html>"
}
```

Das Response-Objekt kann folgende Elemente beinhalten:

code [Default=200]

> Der zu sendende HTTP-Antwortcode. Beachten Sie, dass es sich hierbei nicht um einen String handelt, sondern um eine numerische Angabe.

headers

> Ein Objekt mit Key/Value-Pairs, die die HTTP-Header der Antwort spezifizieren. Der hier gesetzte Content-Type überschreibt die jeweiligen Standardangaben.

json

> Ein benutzerdefiniertes JSON-Objekt, das an den Client gesendet werden soll. Dabei wird der Content-Type der Antwort automatisch auf "application/json" gesetzt.

body

> Eine beliebige Zeichenkette, die an den Client gesendet werden soll. Standardmäßig wird hier der Content-Type der Antwort automatisch auf "text/html" gesetzt.

base64

> Beliebige Base64-encodierte Binärdaten, die an den Client via Response-Body gesendet werden sollen. Das ist vor allem bei Dateien bzw. Anhängen sinnvoll.

Show-Funktionen

Mit Show-Funktionen lassen sich Dokumente auf verschiedene Art und Weise ausgeben. Es ist auch möglich, mehrere Ausgabeformate festzulegen. So können Sie über eine Show-Funktion zum Beispiel ein Dokument in HTML oder XML ausgeben. Sie können für ein

Dokument auch ein HTML-Formular generieren, das Sie für das Editieren oder Anlegen eines Dokuments verwenden. Außerdem ist es Ihnen möglich, die Rolle des Benutzers einfließen zu lassen. Somit können Sie z.B. für die Gruppe »sales« die Informationen anders darstellen als für die Gruppe »development«.

Aufbau

Show-Funktionen werden in einem Designdokument in das Feld shows in Form eines JSON-Objects gespeichert. Unter ihrem Namen wird die Show-Funktion eingetragen. Ein Designdokument, das Show-Funktionen definiert, könnte zum Beispiel so aussehen:

```
{
"_id" : "_design/examples",
"shows" : {
  "posts" : "function(doc, req) {... return responseObject;}",
  "people" : "function(doc, req) { ... }"
}
```

Das folgende Beispiel zeigt eine einfache Show-Funktion, die ein einfaches JSON-Objekt zurückliefert:

```
function(doc, req) {
  return {
    body: "Hello World"
  }
}
```

Der Show-Funktion werden zwei Parameter übergeben, zum einen das jeweilige Dokument (doc), passend zur übergebenen *DocID*, und zum anderen das *Request*-Objekt. Von der Show-Funktion muss wiederum ein entsprechendes *Response*-Objekt zurückgegeben werden. Mit dem *Request*- und dem *Response*-Objekt haben Sie sehr viele Spielmöglichkeiten. Sie können die Ausgabe individuell je nach Anfrage anpassen. Einer der häufigsten Anwendungsfälle ist die Ausgabe verschiedener Formate. Zum Beispiel könnten Sie ein Dokument im HTML-Format und im XML-Format ausgeben. Mit der Angabe *headers* im *Response*-Objekt können Sie den *Content-Type* der Antwort spezifizieren.

```
return {
    "headers" : {"Content-Type" : "application/xml"},
    "body" : new XML('<data><node foo="bar"/></data>')
}
```

CouchDB hält für Sie noch eine andere Möglichkeit bereit: Mit der Funktion *provides* können Sie verschiedene Ausgabeformate in Ihrer Show-Funktion bereitstellen.

```
function(doc, req) {
    provides("html", function() {
        return "<b>+doc.title+</b>";
    });
    provides("xml", function() {
        return "<text>+doc.title+</text>";
    });
}
```

Der Content-Type-Header für die einzelnen Ausgabeformate wird zunächst mit der Methode *registerType* spezifiziert.

```
registerType(name, mime-type, mime-type, ...)
registerType("foo", "application/foo", "application/x-foo");
```

Sie müssen jedoch nicht jeden Antworttyp spezifizieren, denn die meisten werden von CouchDB vordefiniert. Sie werden in der Datei */server/main.js* registriert. Wenn Sie diese Datei öffnen, können Sie nachsehen, welche Typen schon registriert sind. In CouchDB 0.10.0 finden Sie folgende Ausgabeformate vor:

```
registerType("all", "*/*");
registerType("text", "text/plain; charset=utf-8", "txt");
registerType("html", "text/html; charset=utf-8");
registerType("xhtml", "application/xhtml+xml", "xhtml");
registerType("xml", "application/xml", "text/xml",
"application/x-xml");
registerType("js", "text/javascript", "application/javascript",
"application/x-javascript");
registerType("css", "text/css");
registerType("ics", "text/calendar");
registerType("csv", "text/csv");
registerType("rss", "application/rss+xml");
registerType("atom", "application/atom+xml");
registerType("yaml", "application/x-yaml", "text/yaml");
registerType("multipart_form", "multipart/form-data");
```

```
registerType("url_encoded_form", "application/x-www-form-
urlencoded");
registerType("json", "application/json", "text/x-json");
```

Mit dem Parameter *?format* können Sie über das zu wählende Ausgabeformat entscheiden. Dabei übergeben Sie den jeweiligen *Schlüssel* (xml, html, css usw.), unter dem der *Mime-Type* registriert wurde.

```
curl -vX GET http://127.0.0.1:5984/todoapp/_design/todoapp/_
show/display/27e2f1a54606f0883e2f8891b5bf500f?format=xml
> GET /todoapp/_design/todoapp/_show/display/
27e2f1a54606f0883e2f8891b5bf500f?format=xml HTTP/1.1
< HTTP/1.1 200 OK
< Vary: Accept
< Etag: "3F9NBIH2M3OCQUDL8WO7FOID8"
< Content-Type: application/xml
<subject>mein task</subject>
```

Wenn der Client über die Header-Angabe *accept* den *Mime-Type* festlegt, antwortet CouchDB mit dem entsprechenden Ausgabeformat:

```
curl -vX GET http://127.0.0.1:5984/todoapp/_design/todoapp/_
show/display/27e2f1a54606f0883e2f8891b5bf500f -H "Accept:
application/xml"
> GET /todoapp/_design/todoapp/_show/display/
27e2f1a54606f0883e2f8891b5bf500f HTTP/1.1
> Accept: application/xml
>
< HTTP/1.1 200 OK
< Vary: Accept
< Etag: "ECPBPCVF8OR9GZOEM8WUKWLX9"
< Content-Type: application/xml
<subject>mein task</subject>
```

Sollte ein *Mime-Type* angefragt werden, den Sie in Ihrer Funktion nicht vorsehen, erhält der Client eine entsprechende Fehlermeldung *(HTTP 406 – Not Acceptable)*.

```
{
    "error":"not_acceptable",
    "reason":"Content-Type application/
json not supported, try one of: application/xml, text/
xml, application/x-xml, text/html; charset=utf-8"
}
```

Das Response-Objekt gibt Ihnen viele Möglichkeiten an die Hand, die Kommunikation mit dem Client zu steuern. Da CouchDB HTTP spricht, können Sie zum Beispiel auch eine Umleitung des Client vornehmen.

```
function(doc) {
    return {"code": 302, "body": "See other", "headers":
{"Location": "/"}};
}
```

Ausführen

Show-Funktionen werden in einem Designdokument definiert. Ähnlich wie Views lassen sich diese über die URL ausführen, wobei die *DocID* nicht unbedingt angegeben werden muss. Sie müssen nur den Fall in Ihrer Show-Funktion vorsehen, dass doc gleich null ist. So können Sie zum Beispiel ein Formular für das Anlegen und Editieren von Dokumenten mit der Show-Funktion generieren. Sie können der Show-Funktion auch individuelle Parameter übergeben, um verschiedene Verhaltensweisen zu erzeugen. Es folgen ein paar Beispiele für den Aufruf einer Show-Funktion:

GET /dbname/_design/designdoc/_show/showfunction/DocID
GET /todoapp/_design/todoapp/_show/edit/DocID
GET /todoapp/_design/todoapp/_show/display/DocID?format=
xml&details=true

List-Funktionen

Mit List-Funktionen können Sie die Ausgabe definierter Views für bestimmte Anwendungsfälle anpassen. Sie können die Ausgabe auch für verschiedene Formate definieren, ähnlich wie bei Show-Funktionen. Die Abfrageparameter für Views können an dieser Stelle auch verwendet werden. List-Funktionen werden immer zusammen mit Views verwendet. Man könnte also List-Funktionen als »Render-Funktionen für Views« bezeichnen.

Aufbau

List-Funktionen werden in einem Designdokument unter lists in
Form eines JSON-Objekts gespeichert. Folgendes Designdokument
definiert Views und List-Funktionen:

```
{
"_id" : "_design/todoapp",
"views" {
  "tasks" : "function(doc){...}",
  "projects" : "function(doc){...}"
},
"lists" : {
  "todolist" : "function(head, req) {...}",
  "projects" : "function(head, req) {...}"
}
```

Das folgende Beispiel zeigt eine einfache List-Funktion. Den Antwort-Header senden Sie naturgemäß am Anfang der Methode an
den Client. In einer List-Funktion werden die einzelnen Zeilen der
Ergebnisliste in einer Iterator-Form durchlaufen. Die Daten werden
konventionell schrittweise an den Client gesendet. Natürlich können Sie auch mehrere Zeilen zu einem Wert zusammenführen und
diesen an den Client senden.

```
function(head, req){
  var row;
  start({"code":200, "headers" : {"Content-Type" :
"application/xml"}}});
  send("<xml>");
  send("<data>");
  while(row = getRow()) {
    send(row.value);
  }
  send("</data>");
}
```

Der List-Funktion werden die Parameter *head* und *req* übergeben.

head

> Enthält die Header-Informationen über den View, der mit der
> List-Funktion ausgeführt wird. Wie Sie es von den Views
> schon kennen, sieht dieses JSON-Objekt in etwa so aus:
> {"total_rows":10, "offset":0}

req

   Das Request-Objekt enthält diverse Informationen zur gestellten Anfrage, dem HTTP-Header, Parametern und Ähnlichem.

Wenn Sie eine List-Funktion implementieren, haben Sie es in der
Regel mit spezifischen Funktionen zu tun:

start(obj)

   Die `start()`-Funktion sendet Header-Informationen der Antwort. Mit den Eigenschaften `code` und `headers` können Sie
   Header-Informationen für Ihre Antwort bestimmen.

getRow()

   Mit der `getRow()`-Methode durchlaufen Sie die Ergebnisliste
   des View, ähnlich wie bei einem Iterator.

send(obj)

   Die `send()`-Funktion sendet HTTP-Chunks an den Client; sie
   wird meist dazu verwendet, den Body der Antwort zu senden.

In einer List-Funktion können Sie bestimmte Ausgabeformate vorsehen. Diese definieren Sie mit der Funktion *provides*. Dabei wird
der *Content-Type* entsprechend der Registrierung vorgenommen.
Der Content-Type-Header für die einzelnen Ausgabeformate wird
zuvor mit der Methode *registerType* spezifiziert.

```
registerType(name, mime-type, mime-type, ...)
registerType("foo", "application/foo", "application/x-foo");
```

Sie müssen jedoch nicht jeden Antworttyp spezifizieren, die meisten definiert CouchDB in der Datei */server/main*. Öffnen Sie diese
Datei, um zu sehen, welche Typen schon registriert sind. Das folgende Beispiel zeigt, wie mehrere Ausgabeformate in einer List-
Funktion definiert werden können:

```
function(head, req) {
    provides("html", function() {
        while(row = getRow()) {
            .....
        }
    });
    provides("xml", function() {
        while(row = getRow()) {
```

```
        }
    });
}
```

Ausführen

Die über die List-Funktion definierten Listen können Sie unter Ihrer spezifischen URL zusammen mit einem View ausführen.

GET /dbname/_design/designdoc/_list/listname/viewname?descending=true&limit=10

Listen werden immer zusammen mit Views aufgerufen. Deshalb können Sie hier alle Abfrageparameter der Views verwenden. Nutzen Sie diese, um die Ausgabe entsprechend zu filtern, zu gruppieren oder zu sortieren. Für mehr Informationen sehen Sie sich das Kapitel Abfragen an (Kapitel 8, *Abfragen*).

Normalerweise werden die List-Funktion und die Views im selben Designdokument gespeichert. Seit der Version 0.10.0 von CouchDB können Sie jedoch auch eine List-Funktion mit einem View aus einem anderen Designdokument aufrufen. Dazu müssen Sie nur das andere Designdokument in die Abfrage mit einbauen.

GET /dbname/_design/designdoc1/_list/listname/designdoc2/viewname?limit=10

Diese Möglichkeit ist zum Beispiel sinnvoll, wenn Sie einen Anwendungsfall haben, bei dem Sie verschiedene Ausgabesprachen (Deutsch, Englisch usw.) mit Views in separaten Designdokumenten organisieren, jedoch die Darstellung mit einer Funktion kapseln wollen. Ein beispielhafter Aufruf für so ein Szenario würde in etwa so aussehen:

GET /newsdb/_design/renderdoc/_list/news/de/news-by-date?descending=true&limit=10
GET /newsdb/_design/renderdoc/_list/news/en/news-by-date?descending=true&limit=10

Update Funktionen

Mit Update-Funktionen können Sie einen serverseitigen Zwischenschritt beim Speichern von Dokumenten definieren. Dabei haben Sie die Möglichkeit, das zu speichernde Dokument serverseitig zu modifizieren oder das Speichern des Dokuments sogar zu unterbinden. Die Update-Funktionen werden nicht automatisch beim Speichern von Dokumenten aufgerufen. Sie müssen die Update-Funktion gezielt aufrufen. Sie können in Ihrer Applikation Update-Funktionen anstelle von PUT-Funktionen für das Speichern von Dokumenten verwenden. Wenn Sie Update-Funktionen verwenden, sollten Sie im Hinterkopf haben, dass es sich dabei um einen Zwischenschritt beim Speichern handelt. Die damit verbundenen Implikationen bei Fehlern müssen Sie unbedingt berücksichtigen.

TIPP

Die Überprüfung der RevisionID wird erst nach der Ausführung der Update-Funktion vorgenommen. Eine Update-Funktion kann auch ohne RevisionID aufgerufen werden. Dabei können Sie die RevisionID innerhalb der Methode selbst setzen.

Ausführen

Update-Funktionen werden über einen PUT-Befehl aufgerufen. Dieser Aufruf erfolgt direkt auf die entsprechende Update-Funktion, wobei die *DocID* an die URL angehangen wird.

PUT /dbname/_design/designdoc/_update/updatefunc/docID

PUT /mydb/_design/designdoc/_update/timestamp/newdocid

Update-Funktionen werden nicht wie bei Validierungsfunktionen automatisch aufgerufen, sie müssen explizit vom Client angesprochen werden. Validierungsfunktionen werden jedoch automatisch nach der jeweiligen Update-Funktion ausgeführt.

Aufbau

Update-Funktionen werden in einem Design-Dokument gespeichert. Dabei werden die einzelnen Update-Funktionen als ein JSON-Objekt im Feld updates gespeichert. Folgendes Design-Dokument definiert eine einfache Update-Funktion. Die Update-Funktion setzt in dem übergebenen Dokument ein serverseitig berechneten Timestamp.

```
{
    "_id": "_design/designdoc",
    "_rev": "3-07dc3d6a8015037cd37ffe22537292ff",
    "updates": {
        "timestamp": "function(doc,req) {
          var mydate = new Date();
          doc.timestamp = mydate.getTime();
          return [doc, {body: \"timestamp added\"}];
        }"
    }
}
```

Der Update-Funktion werden als Parameter das aktuell gespeicherte Dokument und das Request-Objekt übergeben. Der Rückgabewert einer Update-Funktion ist ein Array mit zwei Elementen. Zum einen das neue bzw. aktualisierte Dokument, welches auf dem Server gespeichert werden soll und zum anderen das Response-Objekt, das an den Client gesendet werden soll.

```
[doc, {body: \"timestamp added\"}]
```

Das zu aktualisierende Dokument muss immer die jeweilige DocID und die gültige RevisionID enthalten. Dabei ist es gleich, ob Sie die RevisionID aus dem übertragenen Dokument verwenden oder diese selbst setzen. So können Sie zum Beispiel serverseitig ein Zusammenführen von Konflikten umsetzen. Das übergebene Dokument ist nicht nur die auf dem Server gespeicherte Version, sondern es enthält auch Metadaten bezüglich der Revisionen.

```
{
    "_id":"newdocid",
    "_rev":"5-e4089b9632fe93d557f81628d7cc9a17",
    "timestamp":1266350544262,
    "_revisions":{
        "start":5,
```

```
    "ids":[
        "e4089b9632fe93d557f81628d7cc9a17",
        "0af4fa9ec47274cb6ee9e67f0c3c0da4",
        "0d8e273e272f256d50d15d651bdfc09f",
        "80c0c070a14f712bee8dfbbeb02f2f0d",
        "967a00dff5e02add41819138abb3284d"
    ]
  }
}
```

Über das Request-Objekt können Sie auf das übergebene Objekt
zurückgreifen. Wenn Sie nun die aktuelle Revision des Dokuments
mit der übergebenen vergleichen, können Sie für einzelne Fälle entsprechende Antworten an den Client senden. So können Sie zum
Beispiel im Konfliktfall überprüfen, ob die Änderungen eventuell
automatisch zusammengeführt werden können oder nicht, womit
Sie dem Benutzer lästige Nachfragen auf der Seite der Anwendung
ersparen könnten. Das über PUT gesendete Dokument finden Sie
im RAW-Format in *req.body*. Mit der Funktion *JSON.parse* können
Sie – in der Version 0.11.0 von CouchDB – das Dokument in ein
JSON-Objekt umwandeln. Eine Update-Funktion, die Revisions
behandelt, könnte in etwa so aussehen:

```
function (doc, req) {
    if (!doc) {
        //new document
        var ndoc = JSON.parse(req.body);
        ndoc._id = req.id;
        return [ndoc,"hello new doc"];
    }
    else
    {
        //existing document
        var ndoc = JSON.parse(req.body);
        ndoc._id = req.id;
        if (ndoc._rev != doc._rev) {
            //RevCheck would fail
            //some additional checking
            if(merging_is_allowed) {
                //merging
                ndoc._rev = doc._rev;
            }
            else {
                //nothing, cause revCheck handles rest
```

```
            }

        }
        return [ndoc,"update this"];
    }
}
```

Wenn Sie Update-Funktionen verwenden, beachten Sie bitte, dass zusätzlich die definierten Validierungs-Funktionen automatisch aufgerufen werden. Diese werden nach der Update-Funktion ausgeführt.

KAPITEL 10

Sicherheit und Validierung

CouchDB ist zur Zeit noch in der Entwicklung und es kommen immer neue Features und Möglichkeiten hinzu. Gerade im Bereich Sicherheit gibt es viele Verbesserungen ab der Version 0.11.0. Aufgrund der Plugin-Struktur von CouchDB sind Verhaltensweisen und Mechanismen einfach hinzuzufügen, wie es bei anderen System auch möglich ist. Im Folgenden werden die grundlegenden Sicherheitsfeatures in CouchDB vorgestellt.

Benutzerauthentifikation

Wenn Sie CouchDB frisch installiert haben, werden Sie schnell feststellen, dass Sie alle Änderungen vornehmen können, zu denen normalerweise nur ein Administrator berechtigt sein sollte. Bei anderen Datenbanksystem, zum Beispiel bei MySQL, gibt es immer eine Art Superuser, der das Erstellen von Designdokumenten, das Anlegen und Löschen von Datenbanken usw. vornehmen darf. Sie sind also von vornherein ein Admin-Benutzer. Jeder ist Admin-Benutzer, der auf Ihr neues CouchDB zugreift. Bevor Sie nun in Panik ausbrechen und denken, CouchDB sei total unsicher, machen Sie sich bewusst, das das nur die Standardeinstellung ist. Sie dient hauptsächlich dazu, Ihnen CouchDB schnell und ohne große Umwege zur Verfügung zu stellen. Außerdem ist das Standard-Address-Binding *127.0.0.1* also *localhost*, womit schon ziemlich viel schiefgehen müsste, bevor nicht-autorisierte Benutzer auf Ihrer Couch Platz nehmen.

Ändern können Sie dieses Verhalten, indem Sie einen Admin-Benutzer anlegen. Das können Sie schnell erreichen, indem Sie die

Sektion *admins* in *local.ini* einkommentieren und dem Benutzer *admin* ein Passwort geben. Dabei hinterlegen Sie das Passwort in Klartext.

```
[admins]
admin=secret
```

Beim nächsten Neustart wird dieses Passwort von CouchDB verschlüsselt.

```
[admins]
admin=-hashed-
a3a8e6ad43c2dc0b534631a1bc80fc47304451fe,c9ecf95168936ed1359fd5
063bfce964
```

Sie haben auch die Möglichkeit, diese Änderung mit der *_config*-*API* über HTTP vorzunehmen. Folgendes Beispiel legt einen Admin-Benutzer mit dem Namen »admin« und dem Passwort »secret« an.

```
curl -vX PUT http://127.0.0.1:5984/_config/admins/admin -d
'"secret"'
> PUT /_config/admins/admin HTTP/1.1
< HTTP/1.1 200 OK
< Content-Type: text/plain;charset=utf-8
""
```

Für nähere Informationen sehen Sie sich bitte den Abschnitt zur Konfiguration im Kapitel 5, *CouchDB Server* an. Ab diesen Zeitpunkt haben Sie die Basic-Authentifizierung aktiviert. Von nun an können nur noch Admin-Benutzer Datenbanken und Designdokumente verwalten sowie andere Verwaltungsaufgaben durchführen. Wenn Sie einen Anwendungsfall haben, bei dem Sie den Zugriff von anonymen Benutzern ausschließen möchten, können Sie in *local.ini* die Option *require_valid_user* anschalten. Dabei wird der Zugriff auf die Datenbank nur authentifizierten Benutzern erlaubt. In CouchDB wird ein Benutzer- bzw. Rollenkonzept angewendet: Admin-Benutzer haben die Rolle *_admin*, wobei ein Benutzer mehreren Rollen zugeordnet sein kann. In Transformations- und Validierungsfunktionen können Sie auf den aktuell angemeldeten Benutzer unter *userCtx* zugreifen. Das *userCtx-Objekt* ist so aufgebaut:

```
{
"db": "datenbank",
"name": "admin",
"roles": ["_admin"]
}
```

CouchDB selbst unterstützt lediglich die Rolle _admin_, um den Zugriff auf interne Funktionen zu regeln. Das Verhalten anderer Rollen können Sie in Ihrer Applikation definieren, entweder auf Client- oder auf Serverseite. Auf Serverseite können Sie dazu Ihre Middleware oder die Transformations- und Validierungsfunktionen von CouchDB benutzen. Hier würden Sie ein entsprechendes Verhalten je Rolle in den Funktionen implementieren. Sie haben die Möglichkeit, Benutzer direkt in CouchDB selbst zu verwalten. In der Version 0.10.x von CouchDB ist das nur in Verbindung mit der Cookie-Authentifizierung möglich. Ab der Version 0.11.x gibt es weitaus mehr Möglichkeiten. Sehen Sie sich dazu bitte den betreffenden Teil in der Konfiguration an:

```
[couch_httpd_auth]
authentication_db = users
secret = topsecret
require_valid_user = false
```

Die angegebene _authentication_db_ enthält die von Ihnen angelegten Benutzer. Um der Datenbank einen Benutzer hinzuzufügen, können Sie die _user-HTTP-API_ verwenden.

```
curl -vX POST http://admin:secret@127.0.0.1:5984/_user -d
'username=myuser&password=secret&roles=user'
*   Trying 127.0.0.1... connected
* Connected to 127.0.0.1 (127.0.0.1) port 5984 (#0)
* Server auth using Basic with user 'admin'
> POST /_user HTTP/1.1
> Authorization: Basic YWRtaW46c2VjcmV0
> User-Agent: curl/7.19.7 (i386-apple-darwin9.8.0) libcurl/7.
19.7 zlib/1.2.3
> Host: 127.0.0.1:5984
> Accept: */*
> Content-Length: 42
> Content-Type: application/x-www-form-urlencoded
>
< HTTP/1.1 200 OK
< Server: CouchDB/0.10.0 (Erlang OTP/R13B)
```

```
< Date: Mon, 22 Feb 2010 21:03:13 GMT
< Content-Type: text/plain;charset=utf-8
< Content-Length: 12
< Cache-Control: must-revalidate
<
{"ok":true}
```

In der Datenbank *users* wurde ein entsprechender Benutzer angelegt. Das Benutzerdokument hat folgende Struktur:

```
{
    "_id": "4b77229d201a22842d24b994f0bb5e77",
    "_rev": "1-aef64eb008a8930a7767600488c9407b",
    "type": "user",
    "username": "myuser",
    "password_sha": "a26e451f0e853b0c9e3071692318cb71292ed597",
    "salt": "05e92a094243368db87f8cae170db959",
    "email": "",
    "active": true,
    "roles": [
        "user"
    ]
}
```

Beachten Sie dabei den SHA-String unter *password_sha*, der von CouchDB automatisch generiert wurde. Der verwendete Authentifikations-Handler *cookie_authentication_handler* wird mit CouchDB mitgeliefert. Diesen müssen Sie zuvor in *local.ini* in der Sektion *httpd* eintragen.

```
[httpd]
port = 5984
bind_address = 127.0.0.1
authentication_handlers = {couch_httpd_auth, cookie_
authentication_handler}, {couch_httpd_auth, default_
authentication_handler}
authentication_handler = {couch_httpd_auth,cookie_
authentication_handler}
```

Sie können sich nun über die *_session*-API gegenüber von CouchDB authentifizieren. Dabei senden Sie einen *POST*-Befehl mit Benutzernamen und Password an CouchDB.

```
curl -vX POST http://localhost:5984/_session -d
"username=myuser&password=secret"
> POST /_session HTTP/1.1
```

```
< HTTP/1.1 200 OK
< Set-Cookie: AuthSession=Ym9iOjRCODUwNORCOg-4JsBZWbb_
ADrTf3sDilkvTRQu; Version=1; Path=/; HttpOnly
< Content-Type: text/plain;charset=utf-8
{"ok":true}
```

Beachten Sie dabei, das der Authentifikations-Handler einen *AuthSession*-Cookie setzt, den Sie bei den nächsten Aufrufen verwenden. Im Browser geschieht das automatisch; bei einem Aufruf mit *curl* müssen Sie den Cookie manuell mit Header senden. Informationen zur aktuellen Session erhalten Sie über einen *GET*-Befehl auf die *_session*-API.

```
curl -vX GET http://localhost:5984/_session -H "Cookie:
AuthSession=Ym9iOjRCODUwNORCOg-4JsBZWbb_ADrTf3sDilkvTRQu;"
> GET /_session HTTP/1.1
> Cookie: AuthSession=Ym9iOjRCODUwNORCOg-4JsBZWbb_
ADrTf3sDilkvTRQu;
>
< HTTP/1.1 200 OK
< Set-Cookie:
AuthSession=Ym9iOjRCODUwOEJCOjFW5ckYrw4GneKUTln72Pa4LBxE;
Version=1; Path=/; HttpOnly
< Content-Type: text/plain;charset=utf-8
{"ok":true,"name":"myuser","roles":["user"]}
```

Die Antwort enthält den Namen des aktuell angemeldeten Benutzers sowie eine Liste der zugewiesenen Rollen.

```
{
   "ok":true,
   "name":"myuser",
   "roles":[
      "user"
   ]
}
```

Mit der Cookie-Authentifizierung können Sie die meisten webbasierten Anwendungen schreiben. Es existieren jedoch Anwendungsfälle, in denen es nicht so einfach ist und bei denen Sie Ihre Anwendung in eine größere Infrastruktur integrieren müssen. Ein häufiger Fall aus der realen Welt ist hier eine Authentifizierung gegenüber einem LDAP-Directory, oder es könnte auch sein, dass Sie die Authentifizierung gegenüber einem proprietären Identity Management System vornehmen müssen. Bei CouchDB gibt es für dieses

Szenario zwei Möglichkeiten: Sie können einen Proxy die Authentifizierung übernehmen lassen, wobei Sie in CouchDB den *null_authentication_handler* nutzen würden, oder Sie können ein eigenes Authentifikationsmodul schreiben. Aufgrund der Plugin-Struktur von CouchDB haben Sie die Möglichkeit, andere Authentifizierungs-Handler zu integrieren. Sie können auch Ihren eigenen schreiben, was sich manchmal nicht vermeiden lässt. Um Ihren Handler zu integrieren, müssen Sie ihn in *local.ini* registrieren und setzen.

```
[httpd]
...
authentication_handlers = {modulename, functionname},
(modulename, functionname}
authentication_handler = {modulename,functionname}
```

Achten Sie bei *authentification_handlers* auf das »s« am Ende, wenn Sie Ihr Modul registrieren; unter *authentification_handler* setzen Sie das zu verwendende Modul. Authentifikations-Handler werden in Erlang geschrieben und von der Funktion *couch_http:handle_request* aufgerufen.

```
handle_request(MochiReq, DefaultFun,
        UrlHandlers, DbUrlHandlers, DesignUrlHandlers) ->
....
    AuthenticationFuns = make_arity_1_fun_list(
            couch_config:get("httpd", "authentication_
                                             handlers")),
...
    {ok, Resp} =
    try
        case authenticate_request(HttpReq, AuthenticationFuns) of
        Req when is_record(Req, httpd) ->
            HandlerFun(Req);
        Response ->
            Response
        end
    catch
        throw:{http_head_abort, Resp0} ->
...
    {ok, Resp}.
```

Dem Handler wird der HTTP-Request übergeben. Innerhalb des Handlers wird ein entsprechendes *userCtx-Objekt* eingetragen. Der veränderte Request wird dann für die weitere Verarbeitung verwendet. Der einfachste Authentification-Handler ist der *null_ authentication_handler*. Dieser nimmt eigentlich gar keine Authentifikation vor, sondern setzt nur die Rolle _*admin* innerhalb von *userCtx*.

```
null_authentication_handler(Req) ->
    Req#httpd{user_ctx=#user_ctx{roles=[<<"_admin">>]}}.
```

Für Erlang gibt es verschiedene Module, die Sie für Ihren Authentification-Handler verwenden können. Zum Beispiel gibt es das Modul *eldap*, das auch im *ejabberd*-Projekt verwendet wird und von Torbjorn Tornkvist entwickelt wurde. Mit diesem Modul haben Sie die Möglichkeit, sich gegenüber einem LDAP-Directory zu authentifizieren. Folgendes Beispiel zeigt einen solchen Authentifizierungsprozess im Erlang-Shell:

```
1> {_,S} = eldap:open(["192.168.128.51"], []).
{ok,<0.32.0>}
2> DN = "uid=tobbe,ou=People,dc=bluetail,dc=com".
"uid=tobbe,ou=People,dc=bluetail,dc=com"
3> eldap:simple_bind(S, DN, "qwe123").
ok
```

Ab der Version 0.11.0 von CouchDB können Sie, wie schon erwähnt, wesentlich mehr Sicherheitsfeatures nutzen. Dabei ist der Level der Sicherheit jedoch immer auf Datenbankebene beschränkt. Access Control-Listen (ACL) auf Dokumentbasis oder gar auf Dokumentfeldbasis sind nicht geplant. In bestimmten Anwendungsfällen ist es also sinnvoll, über die Verwendung von mehreren Datenbanken nachzudenken. Vielleicht nehmen Sie sogar eine Datenbank je Benutzer und eine Datenbank für die Sicherheitsfeatures.

Validierungsfunktionen

Bei Anlegen und Speichern von Dokumenten können Sie mithilfe von Validierungsfunktionen Gültigkeitsregeln festlegen. Mit denen können Sie das Vorhandensein bestimmter Felder sicherstellen, deren gültiges Format definieren und die Struktur von Dokumenten festlegen. Es gibt nur eine Validierungsfunktion je Designdokument. Jedoch können Sie in einer Datenbank unzählige Designdokumente definieren. Alle in der Datenbank definierten Validierungsfunktionen werden beim Speichern oder Anlegen eines Dokuments in einer unspezifizierten Reihenfolge ausgeführt.

Indem Sie mehrere Gültigkeitsregeln in einer Validierungsfunktion definieren und diese in mehreren Designdokumenten organisieren, können Sie Gültigkeitsregeln im aspektbezogenen Stil hinzufügen. Wenn Sie das Speichern des Dokuments an irgendeiner Stelle in der Funktion unterbinden möchten, müssen Sie nichts weiter tun, als eine entsprechende Fehlermeldung über *throw* zu erzeugen. Validierungsfunktionen werden automatisch beim Speichern oder Anlegen von Dokumenten ausgeführt und müssen nicht separat angesprochen werden. Das folgende Beispiel zeigt ein Designdokument, das eine Validierungsfunktion definiert.

```
{
    _id: "_design/designdoc",
    validate_doc_update: "function(newDoc, oldDoc, userCtx) {
        if(newDoc.name === undefined) {
            throw {forbidden: 'Document must have a name.'};
        }"
}
```

Diese Funktion überprüft, ob das Feld *name* im vom Client übermittelten Dokument existiert. Ist dieses Feld jedoch *undefined* bzw. *null*, wird eine entsprechende Fehlermeldung ausgegeben und das Speichern des Dokuments unterdrückt. In einem Beispiel wird es deutlicher:

```
curl -vX POST http://localhost:5984/mydb -d '{"noname":true}'
> POST /mydb HTTP/1.1
< HTTP/1.1 403 Forbidden
< Content-Type: text/plain;charset=utf-8
{"error":"forbidden","reason":"Document must have a name."}
```

TIPP

Es darf nur eine Validierungsfunktion je Designdokument existieren. Alle Requests gegenüber der Datenbank für das Anlegen oder Aktualisieren von Dokumenten werden gegen jede existierende *validate_doc_update*-Funktion in einer unspezifizierten Reihenfolge validiert. Eine Validierungsfunktion ist jedoch nicht dazu bestimmt, das neue Dokument zu modifizieren, dafür gibt es seit der Version 0.10 von CouchDB die Funktion *_update*.

CouchDB macht keinen Unterschied zwischen den Dokumenten. Der Typ oder die Struktur der Daten werden nicht weiter ausgewertet. Um nun mit einer Validierungsfunktion trotzdem verschiedene Typen von Dokumenten überprüfen zu können, müssen die Dokumente entsprechende Eigenschaften aufweisen, die für diese Art von Dokumenten typisch sind. Dafür wird konventionell das Feld *type* im Dokument angelegt. In diesem Feld wird dann der entsprechende Typ des Dokuments festgehalten. Dieses Konzept nennt man *Duck-Typing*. Dabei wird der Typ eines Objekts nicht anhand seiner Klasse beschrieben, sondern durch das Vorhandensein bestimmter Methoden bzw. Eigenschaften. Da alle Objekte von der Klasse *Document* sind, ist das die einzige Möglichkeit, um Dokumente voneinander zu unterscheiden. Duck-Typing bringt weitere Vorzüge mit sich: Sie haben unter anderem die Möglichkeit, den Typ nicht nur an einer Eigenschaft abzulesen, sondern Sie können auch einen komplexen Ausdruck verwenden. In einer IF-Anweisung könnten Sie ein bestimmtes Dokument anhand von Eigenschaft A und B oder anhand des Vorhandenseins von Eigenschaft C identifizieren. Der Validierungsfunktion werden folgende Parameter übergeben:

newDoc
> Enthält das vom Client übertragene Dokument.

oldDoc
> Enthält das in der Datenbank gespeicherte Dokument.

userCtx
> Das ist ein Teil des schon beschriebenen Request-Objekts. Es liefert Ihnen Informationen über die aktuell verwendete Datenbank, den Benutzernamen und die mit dem Benutzer assoziierten Rollen.

Netzwerksicherheit

Da CouchDB über das HTTP-Protokoll angesprochen wird, können Sie existierende HTTP-Sicherheitslösungen nutzen. Ein Beispiel für schon etablierte Sicherheitsmechanismen sind Proxies wie Apache. Die meisten Proxies können auch als Reverse-Proxy fungieren. Sie können dann für Aufgaben wie URL-Rewriting, Load-Balancing oder Zugriffsbeschränkungen eingesetzt werden. Zum Beispiel kann CouchDB derzeit nicht über HTTPS (SSL) angesprochen werden, was Sie jedoch mit einem entsprechenden Proxy-Setup ändern können. Auch bei der Authentifikation haben Sie zahlreiche Möglichkeiten, unter anderem gibt es für den Apache-Proxy Module für *LDAP*, *MySQL*, *IBMDB2* und *SASL*.

Das folgende Beispiel zeigt eine Beispielkonfiguration für einen Apache-*VirtualHost*.

```
<VirtualHost *:80>
    ServerAdmin webmaster@localhost
    ...
    <Location />
            AuthType Digest
            AuthName "CouchDB"
            AuthDigestDomain /
            AuthDigestProvider file
            AuthUserFile /var/auth/digest_pw
            Require valid-user
    </Location>
    BrowserMatch "MSIE" AuthDigestEnableQueryStringHack=On
    ProxyRequests Off
    <Proxy *>
            Order Allow,Deny
            Allow from all
    </Proxy>
    RewriteEngine On
    RewriteOptions Inherit
    RewriteRule ^/db/(.*) http://127.0.0.1:5984/$1?user=%{LA-U:
REMOTE_USER} [QSA,P]
</VirtualHost>
```

Mit dieser Konfiguration wird sichergestellt, dass alle Benutzer durch */var/auth/digest_pw* authentifiziert sind; es leitet alle Anfragen auf */db* auf CouchDB um und fügt jeder Datenbankanfrage den Parameter *user=username* hinzu. Die dafür verwendeten Apache-Module sind *proxy*, *proxy_http*, *rewrite* und *auth_digest*. Wenn Sie auf diese Weise eine eigene Sicherheitsschicht benutzen, ist es sinnvoll, den Standard-Authentifikations-Handler von CouchDB abzuschalten. Hierzu verwenden Sie den *null_authentication_handler*:

```
[httpd]
authentication_handlers = {couch_httpd_auth, null_
authentication_handler}
```

Für mehr Sicherheit können Sie, wie bei allen Netzwerkdiensten, eine Firewall einsetzen. Damit ist es Ihnen zusätzlich möglich, die Kommunikation auf Paketebene zu filtern.

Die technologischen Möglichkeiten, um HTTP-Kommunikation abzusichern, sind mittlerweile sehr ausgereift – nicht zuletzt durch die Entwicklung des Web in den letzten Jahren. Durch die Implementierung einer HTTP-Rest-API bettet sich CouchDB nahtlos in schon bestehende Infrastrukturen ein.

KAPITEL 11

Beispielanwendung

Dieses Kapitel führt Sie Schritt für Schritt durch eine Beispielanwendung. Mit der Anwendung sollen für verschiedene Benutzer Aufgaben verwaltet werden. Sie können die Entwicklung selbst nachvollziehen und lernen dabei die Details von CouchDB näher kennen. Für die Entwicklung der Anwendung verwenden wir nur HTML und JavaScript, den kleinsten gemeinsamen Nenner sozusagen. Natürlich können Anwendungen, die Ihre Daten mit CouchDB verwalten, in einer beliebigen Programmiersprache entwickelt werden. Auf Basis der RESTful HTTP-API lässt sich CouchDB von Ruby, Java, PHP oder anderen Programmiersprachen ansteuern.

Anwendungen können mit CouchDB auf verschiedene Weise entwickelt werden. Neben dem etablierten Weg über eine Middleware wie Ruby, Java oder PHP ist es auch möglich, die Anwendung direkt in der Datenbank zu verwalten. Dabei werden alle ihre Bestandteile direkt von CouchDB ausgeliefert, und es funktioniert an dieser Stelle wie ein normaler Webserver .

Die in diesem Kapitel vorgestellte Anwendung verfolgt den zweiten Ansatz, mit dem ein neuer Denkansatz zur Entwicklung von webbasierten Anwendungen einhergeht. Da man hier gänzlich auf Middleware verzichtet, spart man nicht nur LOC (lines of code), Zeit und Aufwand, sondern gewinnt auch höhere Flexibilität. So ist es zum Beispiel möglich, über diesen Weg die Anwendung samt der zugehörigen Daten zu replizieren. Dabei muss die Datenbank nicht zwingend auf einen anderen Server repliziert werden: Mit einer entsprechenden Umgebung kann die Anwendung auch direkt auf dem Client laufen, und zwar offline. Das spart nicht nur Rechenkapazität von Servern, sondern gibt dem Benutzer auch zusätzliche Unabhängigkeit. Außerdem gibt es aufgrund der geringeren Komplexität der Anwendung auch weniger Stellen, an denen sich Fehler einschleichen können.

Die in diesem Kapitel beschriebene Anwendung können Sie sich an gegebener Stelle herunterladen, um den einen oder anderen Schritt noch besser nachzuvollziehen.

Vorbereitungen

Einige Details werden der Übersichtlichkeit halber weggelassen; um trotzdem auf Ballhöhe zu bleiben, können Sie den Quellcode der fertigen Anwendung bei *github.com* herunterladen. Klonen Sie die Anwendung einfach in einem Verzeichnis Ihrer Wahl.

```
git clone git@github.com:mscheliga/homework.git

Initialized empty Git repository in /Users/you/yourpath/
homework/.git/
remote: Counting objects: 52, done.
remote: Compressing objects: 100% (40/40), done.
remote: Total 52 (delta 4), reused 0 (delta 0)
Receiving objects: 100% (52/52), 29.64 KiB, done.
Resolving deltas: 100% (4/4), done.
```

Nach erfolgreicher Ausführung finden Sie das Verzeichnis *homework* vor, in dem sich die hier beschriebene Anwendung befindet. Alternativ können Sie sich den Quellcode auch unter *http://github.com/mscheliga/homework* ansehen bzw. herunterladen. Die Anwendung wurde mit der Version 0.10.1 von CouchDB entwickelt.

Planung

Am Anfang jeder Entwicklung stehen bestimmte Überlegungen. Man denkt über Objekte, Ansichten, Funktionen und Beziehungen nach. Sicherlich ist es der erste Reflex eines Entwicklers, ein Datenmodell zu erstellen. Da die meisten Anwendungen auf relationalen Datenbanken beruhen, werden manche Entwickler auch schnell ein passendes *Entity Relationship-Modell* im Kopf haben. Für unsere einfache Aufgabenverwaltung könnten die Entitäten wie folgt beschrieben werden.

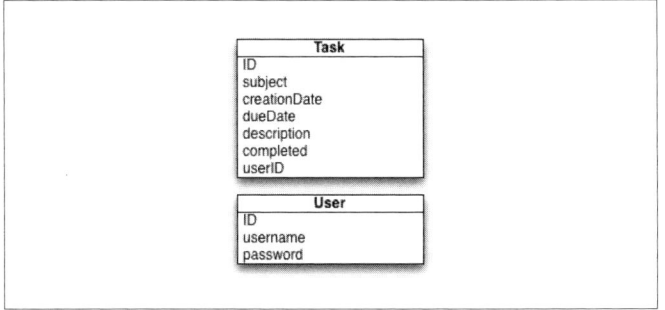

Abbildung 11-1: Attribute von Aufgabe und Benutzer

Die 1-zu-n-Beziehung zwischen Aufgabe und Benutzer würde in CouchDB ähnlich formuliert. Der Unterschied besteht nur darin, dass in CouchDB keine Tabellen definiert werden. Auch müssen Sie in der Datenbank keine Dokumentenstruktur vorgeben. CouchDB speichert Daten als Dokument ab. Dabei ist es aber völlig gleich, wie die Dokumente im Einzelnen strukturiert sind. Es ist nur wichtig, dass die Anwendung das jeweilige Dokument auch verarbeiten kann. CouchDB ist also ein sogenannter »schemaloser Datenbankserver«. Und deshalb ist es auch so attraktiv für Entwickler: Sie definieren während der Entwicklung die Objekte so, wie sie sie gerade brauchen, ohne dabei an ein Schema in der Datenbank denken zu müssen. Zum Speichern von Dokumenten müssen Sie lediglich das entsprechende Objekt im JSON-Format übergeben. Vergessen Sie also umständliche SQL-Befehle wie *INSERT* oder *UPDATE* und gehen Sie entspannt und mit Freude an Ihre Arbeit.

Unsere CouchDB-Dokumente würden eine ähnliche Struktur aufweisen. Jedoch gibt es auch kleine, nicht unwesentliche Unterschiede: Zum einen werden wir bei jedem CouchDB-Dokument die Eigenschaften _id und _rev vorfinden. Dabei steht _id für die ID des Dokuments (DocID) und _rev für die RevisionID. Der andere Unterschied liegt im sogenannten Duck-Typing. Dabei wird die

Unterscheidung von Objekten bzw. Dokumenten nicht anhand Ihrer Klasse, sondern anhand einer oder mehrerer Eigenschaften vorgenommen. Da Dokumente in CouchDB schemalos sind, wird der Typ eines Dokuments konventionell über die Eigenschaft type definiert. So können wir in der Anwendung ein Benutzerdokument von einem Aufgabendokument unterscheiden. In CouchDB würde unser Aufgabenobjekt wie folgt aussehen:

```
{
    "_id":"02749279e56fa7a055890d921b115254",
    "_rev":"2-0364d37e86c5968f29c90da029994f30",
    "user":"bob",
    "subject":"neuer task",
    "priority":"high",
    "duedate":"06/02/2010",
    "description":"",
    "type":"task",
    "completed":false
}
```

Die Eigenschaften des Dokuments erklären sich wie folgt:

_id
  Diese Eigenschaft ist die ID eines Dokuments. Sie muss innerhalb einer Datenbank eindeutig sein. Dazu wird von CouchDB standardmäßig eine UUID generiert (128 Bit).

_rev
  Diese Eigenschaft gibt die die Revision des Dokuments an.

user
  Hier speichert man den Namen des Benutzers.

subject
  Titel der Aufgabe

creationDate
  Erstellungsdatum der Aufgabe

dueDate
  Fälligkeitsdatum der Aufgabe

description
  Beschreibung der Aufgabe

completed

Status der Aufgabe. Wenn dieser Wert true ist, ist die Aufgabe abgeschlossen.

type

Typfeld des Dokuments. Bei Aufgabendokumenten muss diese Eigenschaft immer den Wert task beinhalten.

Das Benutzerdokument würde ganz ähnlich aussehen. Die Eigenschaft roles ist jedoch besonders interessant: Sie speichert eine Liste von Rollen, die dem Benutzer zugeordnet sind. Also können wir auch komplexere Datenstrukturen direkt im Dokument speichern.

```
{
    "_id":"3f2458e3c5a94e97a6dc396897ea7b37",
    "_rev":"2-74fb1c7d98e05dcf62e367d1e30c778a",
    "type":"user",
    "username":"bob",
    "password_sha":"40afc9a20872404948a14aed510797ee07960a5d",
    "salt":"b3990e6b1f4c9413dd0fb15515b93a30",
    "email":"bob.kelso@sacreteart.com",
    "active":true,
    "roles":[
        "user"
    ]
}
```

Die Eigenschaften des Benutzerdokuments erklären sich wie folgt:

_id

ID des Dokuments

_rev

Revision des Dokuments

type

Typfeld des Dokuments. Bei Benutzerdokumenten muss diese Eigenschaft immer den Wert user beinhalten.

username

Benutzername

password_sha

SHA1-Passwort-Hash

salt

Entsprechender Salt zur Bildung des SHA1-Passwort-Hashs.

email

E-Mail-Adresse des Benutzers

active

Angabe über den Status des Benutzers. Ist diese Angabe true, kann der Benutzer sich am System anmelden.

roles

Array von Rollen, die dem Benutzer zugeordnet sind

Es gibt verschiedene Möglichkeiten, um die Benutzer eines Systems zu verwalten und eine entsprechende Authentifizierung vorzunehmen. Auch für CouchDB gibt es diverse Möglichkeiten zum Einbinden entsprechender Module. Für diese Beispielanwendung setzen wir auf das von CouchDB mitgelieferte Modul *cookie_authentication_handler*.

Es ist nicht unbedingt notwendig, vor der Implementierung das Datenmodell genau zu kennen. Da CouchDB schemalos ist, können Eigenschaften auch im Nachhinein hinzugefügt werden, ohne dass man dabei ein Tabellendesign oder Ähnliches ändern müsste. Das Einzige, was Sie als Entwickler sicherstellen müssen, ist, dass die Anwendung mit der Änderung umgehen kann – womit wir sehr schnell beim Frontend bzw. der Benutzeroberfläche angelangt sind. Als Nächstes sollten wir uns überlegen, welche Ansichten wir dem Benutzer zur Verfügung stellen: die Liste mit Aufgaben, die Aufgabendetailseite zum Anzeigen und Editieren, und natürlich die Loginseite.

Aufgabenliste

Diese Liste zeigt alle Aufgaben des angemeldeten Benutzers an und bietet die Möglichkeit, schnell und einfach neue Aufgaben hinzuzufügen, wobei nur der Betreff (*subject*) angegeben werden muss. Weiterhin soll natürlich auch der Status der jeweiligen Aufgabe ersichtlich sein. Das könnte in etwa so aussehen wie in Abbildung 11-2.

New Task:
add
Show Tasks All Open Completed
logout
butter
eier
mehl
milch kaufen
salz
sample task
zucker
edit delete

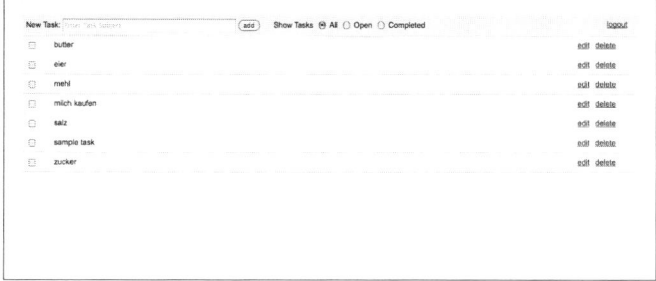

Abbildung 11-2: Aufgabenliste

Aufgabendetails

Diese Seite zeigt eine zuvor ausgewählte Aufgabe im Detail an und bietet die Möglichkeit, sie zu editieren.

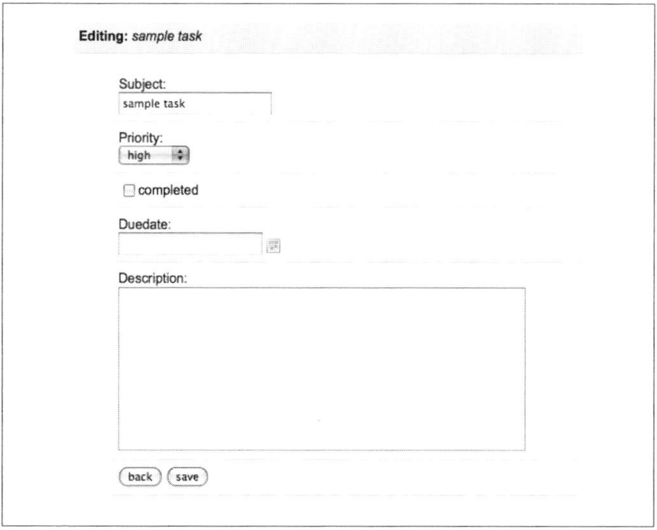

Editing: sample task
Subject:
sample task
Priority:
high
completed
Duedate:
Description:
back
save

Abbildung 11-3: Aufgabendetailseite

Loginseite

Unter Angabe von Benutzername und Passwort authentifiziert sich der Benutzer gegenüber der Anwendung.

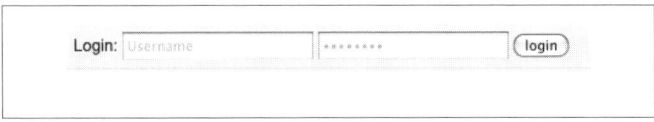

Abbildung 11-4: Loginseite

Die Anwendung selbst werden wir als Designdokument in der Datenbank hinterlegen. Alle benötigten Dateien werden als Dokument bzw. Anhang von CouchDB verwaltet. Das erlaubt es uns, die Anwendung zu einem späteren Zeitpunkt schnell und einfach von einem CouchDB-Server zum anderen zu replizieren.

Nachdem wir über die notwendigsten Dinge nachgedacht und unseren kleinen Plan aufgestellt haben, ist es an der Zeit, ins kalte Wasser zu springen. Lassen Sie uns also gemeinsam ein Projekt aufsetzen und die Anwendung Schritt für Schritt entwickeln.

Projekt aufsetzen

Um uns die Arbeit zu erleichtern, verwenden wir für die Entwicklung der Anwendung *CouchApp*. Um mit *CouchApp* ein Projekt aufzusetzen, brauchen Sie nichts anderes zu tun, als mit *CouchApp* ein Projekt im Verzeichnis Ihrer Wahl zu generieren. Sollten Sie das Kapitel 4, *Entwicklungsumgebung* übersprungen haben, wäre jetzt ein guter Zeitpunkt, noch einmal kurz zurückzublättern.

couchapp generate todoapp

Nach dem Ausführen des Befehls sollte ein neues Verzeichnis mit dem Namen *todoapp* erstellt worden sein. Das Verzeichnis beinhaltet folgende Dateien und Verzeichnisse:

```
drwxr-xr-x  11 staff staff  374 16 Jan 15:15 .
drwxr-xr-x  14 staff staff  476 23 Jan 19:23 ..
```

```
-rw-r--r--   1 staff staff    2 16 Jan 15:15 .couchapprc
drwxr-xr-x   4 staff staff  136 16 Jan 15:15 _attachments
-rw-r--r--   1 staff staff   15 16 Jan 15:15 _id
-rwxr-xr-x   1 staff staff   70 16 Jan 15:15 couchapp.json
drwxr-xr-x   2 staff staff   68 16 Jan 15:15 lists
drwxr-xr-x   2 staff staff   68 16 Jan 15:15 shows
drwxr-xr-x   2 staff staff   68 16 Jan 15:15 updates
drwxr-xr-x   3 staff staff  102 16 Jan 15:15 vendor
drwxr-xr-x   2 staff staff   68 16 Jan 15:15 views
```

Bevor wir die Datenbank für unsere Anwendung erstellen, sollten wir noch einmal kurz in die Konfiguration von CouchDB gehen. Für die Authentifizierung sollten wir einen Admin-Benutzer anlegen und CouchDB für unsere Benutzer vorbereiten. Öffnen Sie die Konfigurationsdatei *local.ini*, kommentieren Sie die Sektion *admins* ein und legen Sie einen Admin-Benutzer fest.

```
[admins]
admin = secret
```

Das Passwort können Sie an dieser Stelle ruhig in Klartext hinterlegen, denn sobald Sie CouchDB neu starten, wird es durch einen SHA1-Hash ersetzt. In der Sektion *httpd* tragen Sie bitte Folgendes ein:

```
[httpd]
port = 5984
bind_address = 0.0.0.0
authentication_handlers = {couch_httpd_auth, cookie_
authentication_handler}, {couch_httpd_auth, default_
authentication_handler}
authentication_handler = {couch_httpd_auth,cookie_
authentication_handler}
```

Die Parameter port und bind_address müssen Sie nicht unbedingt eintragen. Die gezeigte Konfiguration macht Ihren CouchDB-Server im Netzwerk verfügbar, was anderen Benutzern erlauben würde, Ihre Anwendung aufzurufen. Für die Benutzerauthentifikation wollen wir den *cookie_http_authentication*-Handler verwenden. Dazu müssen Sie den Handler in authentication_handlers sozusagen registrieren, und Sie müssen den Handler auch noch als aktiven Handler in die Variable authentication_handler eintragen. Um den verwendeten Authentification-Handler zu konfigurieren, ändern Sie nun die Sektion *couch_httpd_auth* wie folgt.

```
[couch_httpd_auth]
authentication_db = todoapp
secret = topsecret
require_valid_user = false
```

Die authentication_db gibt die Datenbank an, in die Benutzer gespeichert sind. Zur Vereinfachung werden Sie die Benutzer in derselben Datenbank speichern wie die Anwendung. Die Angabe secret dient der Prüfsummenbildung (Hash) von Passwörtern, und es empfiehlt sich, diese Angabe wirklich geheim zu halten. Schließen Sie die Datei und starten Sie Ihren CouchDB-Server neu, um die Änderungen zu übernehmen. Wenn Sie einen erneuten Blick in die Datei *local.ini* werfen, sollten Sie nun den Hash-Wert anstelle des von Ihnen angegebenen Passworts vorfinden.

ACHTUNG

Da beim Neustarten von CouchDB die Konfigurationsdatei *local. ini* geändert wird, benötigt der CouchDB-Prozess entsprechende Rechte für die Daten, ansonsten schlägt der Neustart fehl.

```
[admins]
admin = -hashed-
a3a8e6ad43c2dc0b534631a1bc80fc47304451fe,c9ecf95168936ed1359fd5
063bfce964
```

Nachdem Sie nun den CouchDB-Server für die Anwendung konfiguriert haben, können Sie eine Datenbank für sie anlegen. In dieser Datenbank werden Sie nicht nur Aufgaben speichern, sondern auch die Benutzer und die Anwendung selbst. Hierzu führen Sie einen einfachen *curl*-Befehl aus, wobei Sie sich gegenüber dem CouchDB-Server authentifizieren.

```
curl -vX PUT http://admin:secret@127.0.0.1:5984/todoapp
* Server auth using Basic with user 'admin'
> PUT /todoapp HTTP/1.1
>
< HTTP/1.1 201 Created
< Location: http://127.0.0.1:5984/todoapp
< Content-Type: text/plain;charset=utf-8

{"ok":true}
```

Wenn alles gutgegangen ist, erhalten Sie ein trockenes »Okay« als Antwort. Ab diesem Zeitpunkt können Sie die Applikation mit CouchApp deployen, also hochladen. Gehen Sie dazu in das von CouchApp erstellte Unterverzeichnis Ihrer Anwendung und führen Sie dort folgenden Befehl aus:

```
couchapp push . http://admin:secret@127.0.0.1:5984/todoapp
```

Ab diesem Zeitpunkt können Sie Ihre Anwendung schon im Browser aufrufen.

http://127.0.0.1:5984/todoapp/_design/todoapp/index.html

Natürlich haben Sie noch nicht viel getan, und es passiert demzufolge auch nicht viel. Schauen wir uns mit dem Tool Futon unsere eben erzeugte Datenbank genauer an.

http://127.0.0.1:5984/_utils/database.html?todoapp

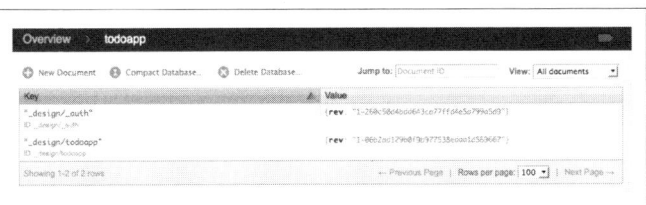

Abbildung 11-5: Datenbank nach erstem Deploy

Zur Zeit sind in der Datenbank zwei Designdokumente abgelegt. Das Dokument _design/_auth wurde beim Anlegen der Datenbank erstellt und bietet Funktionen für die Authentifizierung an. Unsere Anwendung finden wir im Dokument _design/todoapp. Wenn Sie dieses Dokument öffnen, werden Sie schnell feststellen, dass es die komplette Anwendung mit allen Dateien enthält.

Spätestens jetzt ist man als Entwickler, der bisher nur mit SQL-Datenbanken zu tun hatte, verwirrt. Bei Dokumenten handelt es sich eben nicht um Zeilen in einer Tabelle. Vielmehr stellen Dokumente Datenstrukturen dar, die beliebig verschachtelt werden können. Natürlich ist es kein Muss, eine Anwendung direkt in der Datenbank abzulegen. Jedoch hat es einige Vorteile:

Sie können die Anwendung über den Replikationsmechanismus inklusive aller Daten verteilen. Sie können die Anwendung beim Benutzer lokal ausführen lassen, sofern er einen CouchDB-Server installiert hat, und somit die Last auf den Client verteilen. Zum Beispiel könnten Sie das Paket CouchDBX für den Mac so konfigurieren, dass er nicht Futon, sondern Ihre Anwendung anzeigt. Und schon hätten Sie eine Anwendung mit Offline-Persistenz. Jetzt nur noch automatisch replizieren bzw. synchronisieren, und fertig ist Ihre verteilte Anwendung mit Offline-Persistenz.

Im Grunde genommen gibt es viele Anreize, einen Anwendungscode in der Datenbank zu speichern. Einer der wichtigsten ist wohl, dass man sich so die sogenannte Middleware sparen kann. Im Lieferumfang von CouchDB sind außerdem noch JQuery und verschiedene darauf basierende Plugins enthalten, die das Entwickeln einfacher machen. Zusammen mit CouchApp, das mit einem Kommandozeilentool und verschiedenen Makros ausgestattet ist, haben Sie eine wirklich gute Entwicklungsgrundlage für derartige Anwendungen.

Beginnen wir nun mit der Entwicklung der Anwendung. Natürlich muss sich der Benutzer gegenüber dem System authentifizieren, bevor er dann die Anwendung nutzen kann.

Authentifizierung

Für das Testen der Anwendung legen wir uns noch einen einfachen Benutzer an. Diesem wird die Rolle *user* zugeordnet. Für das Anlegen des Benutzers nutzen wir die *_user*-API von CouchDB. Vielleicht legen Sie auch gleich ein paar mehr an, damit Sie später mehr Spaß beim Testen haben.

```
curl -vX POST http://admin:secret@localhost:5984/_user -d
'username=bob&password=kelso&roles=user'
* Server auth using Basic with user 'admin'
> POST /_user HTTP/1.1
< HTTP/1.1 200 OK
```

```
< Content-Type: text/plain;charset=utf-8
```

```
{"ok":true}
```

Mit dem Anlegen von Benutzern haben Sie auch gleichzeitig erfahren, wie einfach es ist, Dokumente in der Datenbank anzulegen (aber dazu später mehr). Sie können die Authentifizierung nun auch direkt von der Kommandozeile aus testen.

```
curl -vX POST http://localhost:5984/_session -d
'username=bob&password=kelso'
```

```
> POST /_session HTTP/1.1
< HTTP/1.1 200 OK
< Set-Cookie:
AuthSession=Ym9iOjRCNTlBMzg0OnnfxFcF7IG8EJM0yuCoweurY-GY;
Version=1; Path=/; HttpOnly
< Content-Type: text/plain;charset=utf-8
```

```
{"ok":true}
```

Beachten Sie dabei, dass von CouchDB ein Cookie gesetzt wird, weil wir uns für den *cookie_authentication*-Handler entschieden haben. Die gesamte Kommunikation im gesicherten Kontext benötigt diesen AuthSession-Cookie. Nun sind wir also in der Lage, die Anmeldung eines Benutzers nachzuvollziehen, und können uns auf die Implementierung im Frontend konzentrieren.

Sobald der Benutzer die Anwendung das erste Mal aufruft, soll er auf eine Loginseite umgeleitet werden. Dafür legen wir zunächst eine Datei mit dem Namen *login.html* im Unterverzeichnis *_attachments* an. Eine klassische Loginseite beinhaltet ein Formular für die Eingabe von Benutzernamen und Passwort und könnte in etwa so aussehen:

```
<body>
...
    <form id="login">
        <input id="username" type="text" name="username"/>
        <input id="password" type="password" name="password"/>
        <input type="submit" value="login"/>
    </form>
```

```
...
</body>
```

CouchApp-Skripten beginnen immer mit `$.CouchApp`, was Sie eventuell von *JQuery* her schon kennen. Um nun die Anmeldung vorzunehmen, stellen wir eine entsprechen *POST*-Anfrage an den Server.

```
<script type="text/javascript">
  $.CouchApp(function(app) {
    ...
    var myform = $("form#login").get(0);
    $("form#login").submit(delegate(this,sendLogin));
    function sendLogin(loginForm) {
        $.ajax ({
            type: "POST",
            url: "/_session",
            data: "username="+$("form#login").get(0).username.
value+"&password="+$("form#login").get(0).password.value,
            success: delegate(this,onLoginSuccess),
            error: delegate(this,onLoginError)
        })
        return false;
    }
    ...
  });
</script>
```

Bei erfolgreicher Anmeldung wird die Methode *onLoginSuccess* aufgerufen. In der werden die aktuellen Session-Informationen vom Server über die *_session*-API abgerufen. Der im zurückgelieferten *userCtx*-Objekt enthaltene Benutzername wird im clientseitigen Cookie *login* gespeichert. Hiermit wird später in der Anwendung überprüft, ob der Benutzer gerade noch angemeldet ist oder nicht. Das geschieht nur aus praktischen Gründen und nicht, um irgendwelche Sicherheitsmechanismen abzubilden.

```
...
function onLoginSuccess(data) {
    $.ajax ({
        type: "GET",
        url: "/_session",
        success: delegate(this,onSession)
    })
}
function onSession(data) {
```

```
        var response = JSON.parse(data);
        var login = response.name;
        var dbname = document.location.href.split('/')[3];
        if(login) {
            $.cookies.set("login", login , '/'+dbname);
        }
        else
        {
            $.cookies.set("login","", '/'+dbname);
        }
        document.location = "index.html";
    }
    ...
```

Zum Schluss leiten wir den Benutzer auf die *index.html*-Seite weiter. Mit der Seite *login.html* kann sich der Benutzer gegenüber dem System authentifizieren.

Gehen wir nun zu *index.html* vor, in der wir die Aufgabenliste zeigen wollen. Das Formular für das Anlegen von Aufgaben und die Liste der Aufgaben fügen wir später hinzu. Zunächst müssen wir sicherstellen, dass der Benutzer angemeldet ist; wenn nicht, sollten wir ihn zurück zur Loginseite leiten. Dafür stellt CouchApp die Funktion *loggedInNow* zur Verfügung.

```
    ...
    var app = $.CouchApp(function(app) {
        app.loggedInNow(function(login) {
            //hier ist der code für angemeldete Benutzer
            },function() {
            //wenn er nicht angemeldet ist, dann einfach zur
            //loginseite
            document.location = "login.html";
        });
    });
    ...
```

Die Funktion *loggedInNow* überprüft lediglich, ob der Cookie *login* gesetzt wurde. Das erste Argument der Funktion ist eine Success-Methode, die zweite eine Fail-Methode. Sie sind nicht darauf angewiesen, die CouchApp-spezifischen Funktionen zu verwenden: Es steht Ihnen frei, die Funktionen selbst zu implementieren. Wenn Sie sich die Anwendung, wie empfohlen, heruntergeladen haben, testen Sie doch einmal den Login-Dialog mit Ihren eigenen Benutzern.

An dieser Stelle sollten Sie sich also am System anmelden und die Datei *index.html* aufrufen können, ohne dabei auf die Loginseite geleitet zu werden. Als kleine Fingerübung können Sie selbst einmal eine entsprechende Logout-Seite schreiben. Diese sollte nichts anderes machen, als einen DELETE-Befehl an die *_session*-API zu senden und den lokalen Cookie *login* zu löschen. Danach sollte die Seite auf *login.html* weiterleiten. Wenn Sie diesen Teil überspringen möchten, können Sie auch einen Blick in den heruntergeladenen Quellcode werfen.

Daten speichern

Der Startpunkt der Anwendung ist die Datei *index.html*, die Sie im Verzeichnis *_attachments* finden. Wenn der Benutzer sich schon authentifiziert hat, wollen wir ihm seine Aufgabenliste anzeigen und ihm die Möglichkeit geben, schnell Aufgaben hinzuzufügen. Da wir im Moment noch keine Aufgaben in der Datenbank abgelegt haben, fangen wir mit dem Anlegen von Aufgaben an. Die Struktur des Dokuments könnte in etwa so aussehen:

```
...
<div class="container">
    <div class="header">
        <div class="formcontainer">
            New Task:
            <form id="addtask">
                <input id="task_input" type="text"
maxlength="250" value="" name="task"/>
                <input type="submit" value="add"/>
            </form>
        </div>
    </div>
    <div class="taskcontainer">
        <ol id="tasklist">
        </ol>
    </div>
</div>
...
```

Wenn der Benutzer das Formular abschickt, müssen wir uns die Daten aus dem Formular holen und in der Datenbank ein entsprechendes Dokument erzeugen. Da CouchDB ohne Schemata funktioniert, brauchen wir auch nichts weiter mit der Datenbank anzustellen. Wir müssen also weder Tabelle anlegen noch Felder und Typen definieren, sondern lediglich ein Objekt in Form eines JSON-String an CouchDB senden, um ein Dokument anzulegen. Implementiert würde der Aufruf in etwa so aussehen:

```
...
app.loggedInNow(function(login) {
    //hier ist der Code für angemeldete Benutzer
    var myform = $("form#addtask").get(0);
    $("form#addtask").submit(addNewTaskForm);
    function addNewTaskForm (taskForm) {
        var mydoc = new Object();
        mydoc.subject = $("form#addtask").get(0).task_
                                         input.value;
        mydoc.user = login;
        mydoc.type = "task";
        app.db.saveDoc(mydoc,{success:function() { alert
            ("task saved successfully.")}});
        return false; //auf der seite bleiben
    }
    ...
},function() {
...
```

Der schnellste Weg, um die betreffende Aufgabe in der Datenbank zu speichern, geht über die JQuery- Klasse *Couch*, die mit CouchDB und Futon ausgeliefert wird. Sie finden das Skript unter *http://127.0.0.1:5984/_utils/script/jquery.couch.js*. Zum Speichern des Dokuments wird die Methode *saveDoc* aufgerufen, die ein zu speicherndes JavaScript-Objekt erwartet. Dieses Objekt wird in einen JSON-String umgewandelt und an CouchDB gesendet.

Für das Anlegen und Speichern von Dokumenten gibt es dabei zwei verschiedene Varianten: Entweder wird ein POST- oder ein PUT-Befehl an CouchDB gesendet. Der POST-Befehl wird verwendet, wenn die Eigenschaft _id im zu speichernden Dokument nicht gesetzt wurde, ansonsten wird der PUT-Befehl verwendet. Der

PUT-Befehl wird immer auf die URL des jeweiligen Dokuments ausgeführt. Die DocID ist Bestandteil dieser URL; sollte das Dokument noch nicht existieren, wird es angelegt.

POST /dbname/
PUT /dbname/docID

ACHTUNG

Wann immer möglich, sollte man den POST-Befehl vermeiden, denn er kann zum Beispiel vom Browser bzw. einem Proxy erneut gesendet werden. Das kann unter Umständen dazu führen, dass Dokumente zweimal mit unterschiedlicher DocID angelegt werden.

Wenn das Dokument jedoch existiert, führt CouchDB eine Überprüfung der sogenannten Revision durch. Dabei vergleicht CouchDB die übergebene RevisionID mit der auf dem Server. Nur wenn beide gleich sind, wird die Operation durchgeführt. Ansonsten geht CouchDB davon aus, dass die übertragenen Änderungen sich nicht auf die aktuellsten Daten beziehen, und weist diese Änderung mit einer Fehlermeldung zurück.

TIPP

Für eine echte Versionierung von Dokumenten ist die Revision jedoch ungeeignet. Theoretisch hätten Sie über die Revision Zugriff auf ältere Versionen des Dokuments, da CouchDB Änderungen innerhalb des B-Tree immer nur anhängt. Jedoch hält dieser Zustand nur an, bis die Datenbankdatei aufgeräumt wird (Compaction) – es wäre also ein sehr kurzes Vergnügen. Legen Sie stattdessen Kopien des alten Dokuments ab und referenzieren sie im neuen darauf.

Was genau beim Anlegen einer Aufgabe mit POST passiert, können Sie einfach mit *curl* nachvollziehen. Wichtig dabei ist, dass sie den Cookie *AuthSession* mit übergeben, den Sie während der Anmeldung erhalten haben.

```
curl -vX POST http://127.0.0.1:5984/todoapp -d '{"type":"task",
"subject":"sample task","user":"bob"}' -H 'Cookie:
AuthSession=Ym9iOjRCNTlBRTZGOqUvz-MOEbSHIVZJi-DEC36OcrKc;' -H
'X-CouchDB-WWW-Authenticate: Cookie' -H 'Content-Type:
application/x-www-form-urlencoded'

> POST /todoapp HTTP/1.1
< HTTP/1.1 201 Created
< Location: http://127.0.0.1:5984/todoapp/
4cb33744da69413a76f41a86a70834e6
< Content-Type: text/plain;charset=utf-8


{
    "ok":true,
    "id":"4cb33744da69413a76f41a86a70834e6",
    "rev":"1-60c7e5bc964ce95a33e995a9dc89b3ea"
}
```

Probieren Sie es einfach aus: Deployen Sie die Applikation wieder,
und dann rufen Sie sie auf und testen sie. Bis auf das Pop-up mit
dem netten Hinweis »task saved successfully.« sehen Sie noch nicht
sehr viel. Wunderbar, dass wir Futon haben: Rufen Sie die URL
http://127.0.0.1:5984/_utils im Browser auf und wählen Sie die entsprechende Datenbank aus. Sie werden feststellen, dass neben den
schon bekannten Design- und Benutzerdokumenten ein neues
Dokument hinzugekommen ist. Öffnen Sie es.

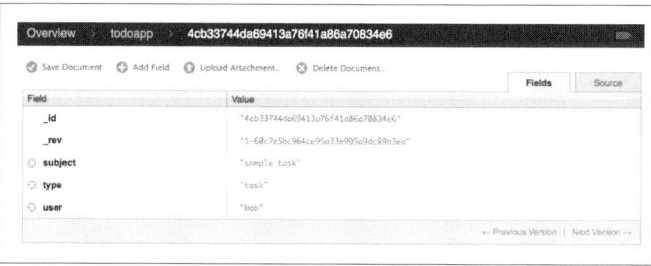

Abbildung 11-6: In CouchDB gespeicherte Aufgabe

Fassen wir kurz zusammen: Mit dem bisherigen Code können wir
uns gegenüber der Anwendung authentifizieren und eine Aufgabe

anlegen. Als Nächstes lassen wir eine Liste von schon bestehenden Aufgaben des Benutzers anzeigen. Sobald wir eine neue Aufgabe hinzugefügt haben, sollte diese Liste automatisch aktualisiert werden.

Views und Listen

Um eine Liste von Dokumenten aus unserer Datenbank zu selektieren, benötigen wir mindestens eine View-Funktion. Diese Funktionen lassen sich mit *CouchApp* auch direkt im Verzeichnis *views* anlegen und verwalten. Dazu erstellt man im Verzeichnis *views* ein Unterverzeichnis mit dem Namen des jeweiligen View. In unserem Fall nennen wir ihn *tasks*. In diesem Verzeichnis erstellen wir dann eine Datei namens *map.js* für die Map-Funktion des View. Eine Reduce-Funktion würde in der Datei *reduce.js* abgelegt werden. Für unsere Zwecke benötigen wir jedoch keine Reduce-Funktion.

```
function(doc) {
  if (doc.type == "task") {
    emit(doc._id, doc);
  }
};
```

Diese einfache Map-Funktion des View gibt alle Dokumente vom Typ "task" zurück. Allerdings wollen wir nur die Aufgaben des angemeldeten Benutzers anzeigen. Innerhalb eines View haben wir jedoch keinen Zugriff auf den aktuell angemeldeten Benutzer. Deswegen verwenden wir die List-Funktion, eine der Transformationsfunktionen. Um eine List-Funktion mit CouchApp anzulegen, brauchen Sie nur im Ordner *lists* eine Datei mit dem entsprechenden Namen der Funktion anzulegen. In unserem Fall legen wir eine Datei mit dem Namen *index.js* an. In dieser Datei definieren Sie folgende List-Funktion:

```
function(head, req) {
    provides ("json", function() {
        var response = new Object();
        response.rows = new Array();

        var row;
```

```
        while(row = getRow()) {
            if(row.value.user == req.userCtx.name) {
                response.rows.push(row);
            }
        }

        response.total_rows = response.rows.length;
        response.offset = head.offset;
        send(toJSON(response));
    });
}
```

List-Funktionen werden in Verbindung mit definierten Views aufgerufen. Somit können Sie eine Listenfunktion zur Anzeige von verschiedenen Views benutzen. Zum Beispiel könnten Sie dieselbe
List-Funktion für offene und schon erledigte Aufgaben benutzen.
Mit einer Listenfunktion lassen sich auch verschiedene Ausgabeformate definieren. Mit der Funktion *provides* registrieren Sie eine
Funktion für ein Ausgabeformat. Innerhalb dieser Funktion bestimmen Sie, *was* für das jeweilige Ausgabeformat *wie* verarbeitet werden soll. Damit haben Sie die Möglichkeit, Ihre Liste als CSV-Datei,
als RSS-Feed oder – wie in unserem Fall – als einfaches JSON-
Objekt zur Verfügung zu stellen. Als Default-Format wird das Format verwendet, das im Code als Erstes registriert wurde. Um zum
Beispiel eine CSV-Datei zur Verfügung zu stellen, würde die entsprechende *provides*-Funktion in etwa so aussehen:

```
provides ("csv", function() {
    var csvHeader = "subject,description,duedate,completed";
    send(csvHeader);
    var row;
    while(row = getRow()) {
        if(row.value.user == req.userCtx.name) {
            send("\n"+(row.value.subject||'')+","+(row.value.
description||'')+","+(row.value.duedate||'')+","+(row.value.
completed||'false'));
        }
    }
});
```

Die definierte List-Funktion können Sie nun unter der folgenden
URL aufrufen.

```
curl -vX GET http://127.0.0.1:5984/todoapp/_design/todoapp/_
list/index/tasks -d "" -H 'Cookie:
AuthSession=Ym9iOjRCNTlCQjAxOjByRwXNxhyoelSRYrhYLXBVTYrL;' -H
'X-CouchDB-WWW-Authenticate: Cookie' -H 'Content-Type:
application/x-www-form-urlencoded'
> GET /todoapp/_design/todoapp/_list/index/tasks HTTP/1.1
< HTTP/1.1 200 OK
< Vary: Accept
< Transfer-Encoding: chunked
< Etag: "BIWU3EGSHEQL8HYY5QK0KZWO"
< Content-Type: text/x-json
<

{
   "rows":[
     {
        "id":"4cb33744da69413a76f41a86a70834e6",
        "key":"4cb33744da69413a76f41a86a70834e6",
        "value":{
           "_id":"4cb33744da69413a76f41a86a70834e6",
           "_rev":"1-60c7e5bc964ce95a33e995a9dc89b3ea",
           "type":"task",
           "subject":"sample task",
           "user":"bob"
        }
     }
   ],
   "total_rows":1,
   "offset":0
}
```

Der erste Parameter hinter _list_ gibt den Namen der List-Funktion
an, der zweite den zu verwendenden View. Unsere List-Funktion
liefert derzeit ein Objekt zurück, das dem Rückgabeobjekt einer
View-Funktion sehr ähnlich ist; wir haben dabei aber alle Dokumente herausgefiltert, die nicht vom angemeldeten Benutzer angelegt wurden.

Um zu demonstrieren, wie hilfreich die View-List-Kombination ist,
werden wir noch zwei weitere Views definieren: einen zum Anzeigen aller Aufgaben, die noch nicht abgeschlossen sind, und einen

für alle abgeschlossenen Aufgaben. Diese Views legen wir wieder in ihrem Verzeichnis *views* an und nennen sie *open* und *completed*. Die Map-Funktion in der Datei *open/map.js* würde dann so aussehen:

```
function(doc) {
  if (doc.type == "task" && doc.completed == false) {
    emit(doc._id, doc);
  }
}
```

Die Map-Funktion unter *completed/map.js* würde den anderen Zustand von doc.completed berücksichtigen:

```
function(doc) {
  if (doc.type == "task" && doc.completed == true) {
    emit(doc._id, doc);
  }
}
```

Der Abruf der jeweiligen Liste ist nun verblüffend einfach:

http://127.0.0.1:5984/todoapp/_design/todoapp/_list/index/open

Oder für die schon erledigten Aufgaben:

http://127.0.0.1:5984/todoapp/_design/todoapp/_list/index/completed

Die Ergebnisse des jeweiligen View werden von der List-Funktion wie beschrieben verarbeitet.

Dieses Beispiel dient vor allem der Veranschaulichung. Sie könnten genauso gut Parameter an die List-Funktion übergeben. Beispielsweise könnte der Aufruf auch so aussehen:

*http://127.0.0.1:5984/todoapp/_design/todoapp/_list/index/
tasks?showCompleted=true*

In der List-Funktion könnten Sie dann so auf den Parameter zugreifen:

```
function(head, req) {
    ...
    if(req.query.showCompleted) {
        //nur completed zeigen
    }
    else
    {
        //nur open zeigen
```

```
        }
        ...
    }
```

Natürlich können Sie auch Objekte eines anderen Typs mit der List-Funktion anzeigen. Wichtig ist dabei nur, dass Sie ein Objekt zur Verfügung stellen, das die List-Funktion und auch die Anwendung verarbeiten kann. Dazu müssen Sie natürlich nicht Ihr Objekt in der Datenbank ändern, sondern nur die View-Funktion entsprechend anpassen. Dabei würden Sie das in der Map eingetragene Objekt entsprechend der Anforderung formen. Dann übergeben Sie es als zweiten Parameter der emit-Funktion.

Wenn wir also versuchen, ein Objekt vom Typ *user* in unserer Liste anzuzeigen, sieht die View-Funktion in etwa so aus:

```
function(doc) {
    emit(doc._id,{subject:doc.username,type:"task"});
}
```

Eine Alternative wäre, die Objekte innerhalb der List-Methode umzuformen. Es führen meist mehrere Wege zum Ziel, und welchen Sie einschlagen, hängt ganz von Ihrem Geschmack und/oder den Anforderungen an die jeweilige Anwendung ab. In unserer Applikation wollen wir die Aufgaben des angemeldeten Benutzers gleich nach dem Login anzeigen. Ähnlich wie beim Anlegen eines Dokuments setzen wir das mit einem Ajax-Request um.

```
var app = $.CouchApp(function(app) {
    ...
    function loadTasks() {
        $.ajax ({
            type: "GET",
            url: app.db.uri + "_design/todoapp/_list/index/
                              tasks",
            success: function(data) {
                alert(data);
            }
        })
    }
    loadTasks();
    ...
    app.loggedInNow(function(login) {
    ...
```

Dank der RESTful-HTTP-Eigenschaften von CouchDB ist es wirklich einfach, Daten zu laden. Als Antwort erhalten wir ein JSON-Object mit dem zuvor definierten Aufbau:

```
{
    "rows":[
        {
            "id":"4cb33744da69413a76f41a86a70834e6",
            "key":"4cb33744da69413a76f41a86a70834e6",
            "value":{
                "_id":"4cb33744da69413a76f41a86a70834e6",
                "_rev":"1-60c7e5bc964ce95a33e995a9dc89b3ea",
                "type":"task",
                "subject":"sample task",
                "user":"bob"
            }
        }
    ],
    "total_rows":1,
    "offset":0
}
```

Weiterer Ausbau und Refactoring

An dieser Stelle ist es sinnvoll, den Code weiter zu kapseln und die Optik ein wenig mit Stylesheets zu verfeinern. Wir kapseln alles, was die einzelne Aufgabe betrifft – vor allem ihre Erscheinung innerhalb der Liste und das Laden, Speichern und Löschen –, in einer Datei *task.js*. Alle Funktionen bezüglich der Liste – das Laden, Hinzufügen und Entfernen von Aufgaben – kapseln wir in der Datei *taskList.js*. In der Datei *main.css* passen wir die *Stylesheets* an. Die Klasse Task-List beinhaltet mehrere Methoden, wobei der Aufruf zum Laden der Aufgaben in die Load-Methode verschoben wurde. Hinzu kommen Funktionen, die wir für das Frontend selbst benötigen.

```
TaskList
+add()
+remove()
+get()
+reset()
+update()
+load()
+sort()
```

Die Task-Klasse ist eine Hilfeklasse für die Repräsentation des Aufgabendokuments. Die Methode *toTransferObject* erstellt das Objekt, das in CouchDB abgespeichert werden soll. Dabei werden nur die gewünschten Eigenschaften übernommen. Anderenfalls würden wir zum Beispiel auch definierte Funktionen mitspeichern, was unsinnig wäre.

```
Task
+save()
+delete()
+toHTML()
+toTransferObject()
+toggleComplete()
```

Nach dem Aufräumen, dem Verschieben und ein paar optischen Anpassungen ist unsere Indexseite fast fertig.

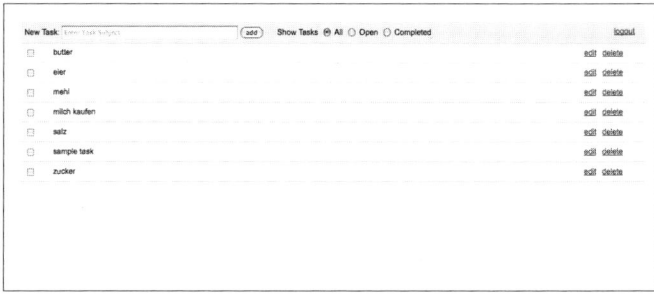

Abbildung 11-7: index.html nach dem Refactoring

```
<script language ="javascript">
    var MyTaskList;
    var app = $.CouchApp(function(app) {
        MyTaskList = new TaskList(app,"#tasklist");
        jQuery(function($){
                $("#task_input").Watermark("Enter Task Subject");
        });
        function refreshTasks() {
            MyTaskList.reset();
            MyTaskList.load($("[name=filterOption]:checked").
                                                    val());
        }
        refreshTasks();
```

```
app.loggedInNow(function(login) {
    //hier ist der Code für angemeldete Benutzer
    var myform = $("form#addtask").get(0);
    $("form#addtask").submit(addNewTaskForm);

    function addNewTaskForm (taskForm) {
        var mydoc = new Task(app,null);
        mydoc.subject = $("form#addtask").get(0).task_
                                    input.value;
        mydoc.user = login;
        var options = new Object();
        options.success = function(response){
            refreshTasks($("[name=filterOption]:
                            checked").val());
            myform.task.value = "";
        };
        mydoc.save(options);
        return false; //auf der Seite bleiben
    }
},function() {
    //wenn nicht angemeldet, einfach zur Loginseite
    document.location = "login.html";
});
});
</script>
```

Die Methoden zum Anlegen, Speichern und Löschen einer Aufgabe befinden sich in der Task-Klasse, wobei für das Anlegen und Speichern die Methode *save* benutzt wird, die sehr einfach implementiert ist. Beachten Sie hier die Verwendung von *toTransferObject*.

```
this.save = function(options) {
    this.app.db.saveDoc(this.toTransferObject(),options);
}
```

Derzeit können wir noch keine Details zu unseren Aufgaben erfassen bzw. ändern. Dazu benötigen wir eine Art Detailansicht, mit der wir auch editieren können.

Editieren

Für das Anzeigen des Dokuments in einer bestimmten Form bietet sich eine Show-Funktion an. Wie der Name schon verrät, sind diese

Funktionen für das Darstellen von Dokumenten gedacht. Sie können weder andere Dokumente in dieser Funktion laden, noch können Sie irgendwelche Änderungen am Dokument oder an der Datenbank vornehmen. Im Gegenzug sind Show-Funktionen frei von Nebenwirkungen, und die bekannten HTTP-Mechanismen zur Steigerung der Performance (Caching, Loadbalancing etc.) können angewandt werden. Wir verwenden diese Funktion also nur für das »Rendern« unseres Dokuments. Dafür legen wir im Verzeichnis *shows* die Datei *edit.js* an.

```
function(doc, req) {
  // !json templates.edit
  // !code vendor/couchapp/path.js
  // !code vendor/couchapp/template.js

  // we only show html
  return template(templates.edit, {
    doc : doc,
    docid : toJSON((doc && doc._id) || null),
    assets : assetPath()
  });
}
```

Sie können genauso gut Parameter an die Show-Funktion übergeben und somit auch verschiedene Ausgabeformate definieren. Die Funktion enthält CouchApp-spezifische Makros, die Ihnen das Leben erleichtern.

Das !json-Makro lädt die Inhalte einer Datei in eine Variable mit dem Namen der Datei. Für die Pfadangaben verwenden Sie einen Punkt (ähnlich wie in import-Statements in Java). Indem Sie *verzeichnis.unterverzeichnis.** verwenden, können Sie auch mehrere Dateien laden.

Das !code-Makro hingegen hat diese Möglichkeit nicht. Es lädt die Inhalte der Datei an die Stelle, wo das Makro definiert ist. Die Pfadangaben werden hier mit Schrägstrichen oder Backslashes (/ oder \) gemacht.

Die Änderungen, die wir an unserer Aufgabe vornehmen, werden wir über den schon beschriebenen Weg an den CouchDB-Server übertragen. Der Ablauf des Speichervorgangs ist dem bei *index.html* sehr ähnlich.

```
var app = $.CouchApp(function(app) {
    ...
    app.loggedInNow(function(login) {
        //hier ist der Code für angemeldete Benutzer
        var myform = $("form#edittask").get(0);
        $("form#edittask").submit(saveTask);
        $("#backBTN").click(backtoList);

        function backtoList() {
            document.location = "../../index.html"
        }
        function saveTask (taskForm) {
            var mydoc = new Task(app,null);
            mydoc._id = myform.docid.value;
            mydoc._rev = myform.docrev.value;
            mydoc.subject = myform.subject.value;
            mydoc.priority = myform.priority.value;
            mydoc.completed = myform.complete.checked;
            mydoc.description = myform.description.value;
            mydoc.duedate = myform.duedate.value;

            mydoc.user = login;
            var options = new Object();
            options.success = function(response){
                myform.docrev.value = response.rev;
            };
            mydoc.save(options);
            return false; //auf der Seite bleiben
        }
    },function() {
        //wenn nicht angemeldet, dann einfach zur Loginseite
        document.location = "login.html";
    });
});
```

Validieren

Es hängt ganz von den Anforderungen der jeweiligen Applikation ab, jedoch kommt es häufig vor, dass beim Speichern eines Dokuments noch andere Dinge zählen als nur die Version des Dokuments. Dafür stellt CouchDB die Validierungsfunktionen zur

Verfügung. Für unsere kleine To-do-Liste sollten wir zum Beispiel sicherstellen, dass der jeweilige Task nur von dem Benutzer geändert werden darf, der ihn auch angelegt hat. Um eine Validierungsfunktion anzulegen, erstellen wir eine Datei mit dem Namen *validate_doc_update.js* direkt im Hauptordner unserer Anwendung.

```
function (newDoc, oldDoc, userCtx) {
    if(newDoc.type == "task") {
        if(newDoc.user != userCtx.name) {
            throw({unauthorized : "Only "+newDoc.user+" may
edit this document."});
        }
    }
}
```

Unsere Validierungsfunktion überprüft, ob der im Dokument gespeicherte Benutzer mit dem angemeldeten Benutzer (_session) übereinstimmt. Sollte das nicht der Fall sein, wird das Dokument nicht gespeichert und eine Fehlermeldung ausgegeben.

TIPP

Es darf nur eine Validierungsfunktion je Designdokument existieren. Alle Requests gegenüber der Datenbank für das Anlegen oder Aktualisieren von Dokumenten werden gegen jede existierende *validate_doc_update*-Funktion in einer unspezifizierten Reihenfolge validiert. Eine Validierungsfunktion ist jedoch nicht dazu bestimmt, das neue Dokument zu modifizieren. Dafür gibt es seit der Version 0.10 von CouchDB einen *_update*-Handler.

Wir haben jetzt Schritt für Schritt eine Anwendung entwickelt, die es erlaubt, für mehrere Benutzer Aufgaben zu verwalten. Dabei führen wir eine Cookie-Authentifizierung durch, laden die Aufgaben des angemeldeten Benutzers, können schnell neue anlegen und haben die Möglichkeit, Details zu den Aufgaben zu erfassen und einzusehen. An dieser Stelle sollte noch einmal erwähnt werden, dass wir die gesamte Anwendung ohne eine Middleware wie PHP, Ruby, Java oder Ähnlichem entwickelt haben.

Sicherlich wurden in diesem Kapitel einige Details übersprungen. Ein Blick in den heruntergeladenen Quellcode wird Ihnen in so einem Fall weiterhelfen. Die Anwendung dient zur Veranschaulichung und ist keinesfalls für den produktiven Einsatz gedacht, was Sie vielleicht von Anwendungen erwarten würden, die in einem Buch wie diesem beschrieben werden. Aber gerade bei CouchDB ist es schon vorgekommen, dass die Beispielanwendung Sofa von überschwänglichen Benutzern ungesichert eingesetzt wurde. Beachten Sie bitte deshalb die Hinweise zur Sicherheit in diesem Buch.

Index